PAULINE DOHMEN

KINDER LEICHT!

Nähen mit JERSEY für Babys und Kids

BABYGRÖSSEN von 56-92

KINDERGRÖSSEN von 98-134

GRUND-ANLEITUNG

Pauline Dohmen im Video: topp-kreativ.de/jersey

Kindermode – und speziell die aus Jerseystoffen – ist eine Sache für sich: Was sich in den Läden findet, ist häufig unpraktisch, teuer oder wenig individuell. Was liegt da näher als das Selbstmachen?

Geradlinige Schnitte, unkompliziert zu nähen, mitwachsend und einfach bequem – das bietet dieses Buch. Die Auswahl an Schnittmustern ermöglicht es Ihnen, Kinder von 0 bis ca. 9 Jahren nahezu komplett einzukleiden. Mit einfachen Variationen und raffinierten Extras entsteht eine Vielzahl von Modellen, an denen Anfänger und Fortgeschrittene gleichermaßen ihre Freude haben werden.

Dazu nimmt ein ausführlicher Grundlagenteil Sie mit in die Welt des Jerseys und zeigt Ihnen ausführlich, leicht verständlich und Schritt für Schritt, wie einfach sich der scheinbar so schwierige Stoff zu einem einzigartigen Kleidungsstück verarbeiten lässt.

Ob einfarbiges Basicteil oder knalliges Highlight aus bunt gemustertem Jersey, Sie bestimmen das Design. Babybody, Sommershirt, Kuschelpulli, Freizeithose oder Beaniemütze, für alle Lebenslagen findet sich der passende Schnitt, von mir und meiner Familie ausgiebig auf Alltagstauglichkeit getestet.

Ich wünsche Ihnen viel Freude beim Nähen!

Pauline Dohmen

Pauline Dohmen im Video: topp-kreativ.de/jersey

BABY-GRÖSSEN

von 56-92

SCHWIERIGKEITSGRAD 1

GRÖSSE
Einheitsgröße

MATERIAL

- Stoff 1-6: Baumwolljersey nach Wahl, je 12 cm x 12 cm
- Stoff 7: Baumwolljersey nach Wahl, 8 cm x 12 cm
- Stoff 8: Fleece nach Wahl, 12 cm x 62 cm

SCHNITTMUSTERBOGEN 1B

NAHTZUGABEN
Es ist eine NZG von 1 cm enthalten.

ZUSCHNITT

Stoff 1-6:

- Je 1x Teil „Babyschal Oberseite"

Stoff 7:

- 1x Einstecklasche, 8 cm x 12 cm

Stoff 8:

- 1x Rückseite, 12 cm x 62 cm

BUNT UND KUSCHLIG

...Babyschal im Patchworkstil

ANLEITUNG

1 Die Einstecklasche r-a-r auf halbe Breite zusammenlegen und entlang der langen Kante nähen. Auf rechts wenden und so bügeln, dass die Naht mittig auf der Rückseite liegt. Die Lasche mittig r-a-r auf ein Teil der Schaloberseite legen und an beiden Seiten innerhalb der NZG mit einigen Stichen fest nähen.

HINWEIS: Beim Nähen den Maschenlauf beachten, er sollte jeweils parallel zur langen Seite des Schals verlaufen.

2 Ein weiteres Oberseitenteil r-a-r an einer Seite annähen, an der die Lasche fixiert ist. Dabei darauf achten, die NZG einzuhalten. Das Quadrat mit Lasche ist nun das zweite Patchworkteil der Schaloberseite.

3 Das nächste Quadrat der Schaloberseite r-a-r an die andere Laschenseite legen und absteppen. Mit den drei restlichen Quadrate ebenso verfahren. Dabei immer darauf achten, die NZG einzuhalten.

4 Die Schalrückseite r-a-r auf die Schaloberseite legen und ringsherum zusammennähen, dabei eine Wendeöffnung von 4 cm lassen. Den Schal durch die Öffnung auf rechts wenden und die Ecken mit einem stumpfen Gegenstand ausformen. Die NZG an der Wendeöffnung nach innen schlagen und den Schal vorsichtig bügeln. Die Wendeöffnung mit Matratzenstich von Hand schließen oder den Schal knappkantig mit der Maschine absteppen (siehe Seite 105).

TIPP: Wenn Sie eine Overlockmaschine besitzen, können Sie die Einzelteile ohne seitliche Nahtzugabe zuschneiden, also 10 cm x 12 cm, 8 cm x 12 cm und 10 cm x 60 cm. Dann die fertige Schaloberseite l-a-l auf die Rückseite legen und ringsherum offenkantig aufeinandernähen. Die Ecken dazu vorher etwas abrunden.

DOPPELT SCHÖN

... Wendehalstuch und Knotenmütze

SCHWIERIGKEITSGRAD 1

GRÖSSE
Einheitsgröße

MATERIAL

- Stoff 1: Baumwolljersey in Rosa oder Blau mit Sternen, 25 cm x 45 cm
- Stoff 2: Baumwolljersey in Rosa oder Blau gestreift, 25 cm x 45 cm
- Vlieseline G 700, 9 cm x 3 cm
- 2 Jerseydruckknöpfe (2x „weiblich" + 1x „männlich")
- Farblich passendes Nähgarn

SCHNITTMUSTERBOGEN 1B

NAHTZUGABEN
Mit 1 cm NZG rundherum zuschneiden.

ZUSCHNITT

Stoff 1 und Stoff 2:

- Je 1x Teil „Wendehalstuch"

Vlieseline:

- 3x Quadrate, 2 cm x 2 cm

WENDEHALSTUCH

1 Die Knopfpositionen vom Schnittmuster auf die rechte Seite eines Stoffteils übertragen. An diesen Positionen die 3 Quadrate aus Vlieseline auf die linke Seite des Stoffteils bügeln.

2 Beide Teile bündig r-a-r legen und ringsherum zusammennähen, dabei eine Wendeöffnung von 4 cm lassen. Das Halstuch durch die Öffnung auf rechts wenden. Die Nähte und Ecken mit dem Finger oder einem stumpfen

Gegenstand ausformen. Die NZG an der Wendeöffnung nach innen schlagen und das Halstuch bügeln. Die Wendeöffnung mit Matratzenstich von Hand schließen oder knappkantig mit der Nähmaschine absteppen (siehe Seite 105).

3 Die Druckknöpfe gemäß den Markierungen anbringen (siehe Seite 107), dabei sorgfältig auf die richtige Platzierung achten. Die Ringe der Druckknöpfe müssen auf beiden Seiten des Tuches jeweils auf der anderen Stoffseite liegen.

TIPP: Das Halstuch kann statt mit Druckknöpfen auch mit Klettband verschlossen werden. Dafür vor dem Zusammennähen 2 cm Haken-Klett mit Zickzackstich auf die rechte Hälfte des Sternentuchs und 5 cm Flausch-Klett auf die linke Hälfte des Streifentuchs nähen.

KNOTENMÜTZE

1 Die zwei Mützenteile passgenau r-a-r legen. Rundherum mit dreifachem Geradstich zusammennähen, dabei die Unterkante aussparen. Die NZG auf 3 mm zurückschneiden, damit die Nähte nicht auftragen.

2 Die Mütze wenden, sodass die rechte Stoffseite außen liegt. Den Saum entlang der Linie l-a-l nach innen umschlagen, bügeln und mit dreigeteiltem Zickzackstich oder einem ähnlichen dehnbaren Stich knappkantig absteppen. Den Zipfel an der Mützenspitze verknoten.

TIPP: **Alternativ kann die Mütze auch mit dem Pseudo-Overlockstich oder der Overlock zusammengenäht werden.**

SCHWIERIGKEITSGRAD 1

GRÖSSE
32-43/44-52 cm Kopfumfang

MATERIAL
- Baumwolljersey in Rosa oder Blau mit Sternen, 35/40 cm x 50 cm
- Farblich passendes Nähgarn

SCHNITTMUSTERBOGEN 1A

NAHTZUGABEN
Es ist eine NZG von 7 mm enthalten.

ZUSCHNITT
Hinweis: Die Linie für den Saumumschlag auf den Stoff übertragen.
- 1x Teil „Knotenmütze" in doppelter Stofflage

DOPPELHERZ

...Babyshirt mit Knopfleiste und Applikation

SCHWIERIGKEITSGRAD 3

GRÖSSE
56-74/80-92

MATERIAL

- Stoff 1 (Körper und Ärmel): Baumwolljersey in Rosa gepunktet, 45/50 cm x 140 cm
- Stoff 2 (Einfassung): Stretchjersey in Mint, 4 cm x 100 cm
- Stoff 3 und 4 (Applikation): Baumwolljersey in Mint und Rosa, je 20 cm x 20 cm
- Vlieseline G 700, 2 cm x 30 cm
- Vliesofix, 20 cm x 40 cm
- 2 Jerseydruckknöpfe
- Farblich passendes Nähgarn

SCHNITTMUSTERBOGEN 1A

NAHTZUGABEN
Körper und Ärmel mit 1 cm NZG zuschneiden. Halsausschnitt und Ärmelsaum ohne NZG zuschneiden.
Die Unterkanten von Vorder- und Rückenteil erhalten 3 cm Saumzugabe.

ZUSCHNITT
Hinweis: Die Linien der Knopfleiste auf die linke Stoffseite übertragen.

Stoff 1:

- 1x Teil „Babyshirt Vorderteil"
- 1x Teil „Babyshirt Rückenteil"
- 1x Teil „Babyshirt Ärmel" in doppelter Stofflage

Stoff 2:

- 1x Einfassstreifen für Halsausschnitt, 4 cm x 40 cm
- 2x Einfassstreifen für Ärmelsäume, 4 cm x 30 cm

Stoff 3:

- 1x Teil „Applikation großes Herz"

Stoff 4:

- 1x Teil „Applikation kleines Herz"

Vlieseline:

- 2x Streifen, 2 cm x 15 cm

ANLEITUNG

1 Auf die linke Seite der Umschläge für die Schulterknopfleiste je ein Stück Vlieseline aufbügeln. Die Oberkante der verstärkten Umschläge mit Zickzackstich oder mit der Overlock versäubern und die Umschläge zur linken Seite umbügeln.

2 Die Applikation laut Grundanleitung (Seite 104) vorbereiten. Das Vorderteil im Bruch bügeln, die Applikation entlang dieser Orientierungslinie mittig auf Brusthöhe platzieren, aufbügeln und aufnähen.

3 Die Umschläge der Knopfleiste bündig übereinanderlegen, dabei liegt das Vorderteil oben. Außen innerhalb der NZG aufeinanderheften.

4 Vorder- und Rückenteil r-a-r an den Schulterkanten bündig aufeinanderlegen und die Schulternaht schließen.

5 Die Ärmelunterkanten laut Grundanleitung einfassen (unten offene Einfassung Seite 97), anschließend die Ärmel r-a-r mit der Armkugel in die Armausschnitte einpassen, feststecken und einnähen.

6 Die Ärmel der Länge nach r-a-r zusammenlegen und feststecken. Vorder- und Rückenteil r-a-r an den Seitenkanten bündig legen und aufeinanderstecken. Die Ärmelkanten und Seitennähte vom Ärmelsaum bis zur Körperunterkante in einem Zug schließen. Die NZG der Ärmel von rechts Richtung Rückenteil steppen.

7 Den Halsausschnitt laut Grundanleitung einfassen (unten offene Einfassung Seite 97), dabei an der Knopfleiste beginnen und enden und jeweils 3-4 cm Einfassung überstehen lassen. Die überstehenden Enden der Einfassung straff nach innen umschlagen und knapp von rechts mit Geradstich auf Breite der Einfassung absteppen. Die Enden nahe der Naht abschneiden.

8 Den Saum an der Unterkante des Shirts 3 cm nach innen einschlagen und umbügeln. Mit dreigeteiltem Zickzackstich, Wabenstich, Zwillingsnadel oder der Covermaschine absteppen. Zum Schluss die Druckknöpfe in der Knopfleiste befestigen (siehe Seite 107).

SÜSSE TUPFEN

...Babymütze zum Binden

SCHWIERIGKEITSGRAD 1

GRÖSSE

32-46/47-54 cm Kopfumfang

MATERIAL

- Stoff 1: Baumwolljersey in Lila/Pink gepunktet oder in Grün/Blau mit Sternenpunkten, 25/30 cm x 60 cm
- Stoff 2: Baumwolljersey in Rosa/Pink oder Hellblau/Blau gestreift, 25/30 cm x 60 cm
- Stoff 3 (Bindebänder): Baumwolljersey in Rosa/Pink oder Hellblau/Blau gestreift, 4 cm x 25 cm (im Maschenlauf lang) oder Kordel, 2x 25 cm
- Farblich passendes Nähgarn

SCHNITTMUSTERBOGEN 1B

NAHTZUGABEN

Es ist eine NZG von 7 mm enthalten.

ZUSCHNITT

Stoff 1:

- 1x Teil „Wendemütze" in doppelter Stofflage

Stoff 2:

- 1x Teil „Wendemütze" in doppelter Stofflage

Stoff 3:

- 2x Stoffstreifen, 2 cm x 25 cm

ANLEITUNG

1 Die zwei gepunkteten Mützenteile r-a-r aufeinanderlegen und entlang der Scheitelnaht mit Elastikstich oder dreifachem Geradstich schließen. Die NZG auf etwa 3 mm zurückschneiden. Die gestreiften Mützenteile genauso arbeiten.

2 Die beiden Stoffstreifen für die Bindebänder kräftig in die Länge ziehen, sodass sich der Stoff zu einer Kordel einrollt. Jeweils das verknotete Kordelende in das gepunktete Mützenteil legen und das unverknotete Ende laut Markierung so auf die

Handarbeiten

28 S., 22,2 x 25 cm, HC
SBN 978-3-7724-**8130**-7
(D) 19,99

160 S., 21,5 x 28,5 cm, HC
ISBN 978-3-7724-**8131**-4
€ (D) 24,99

112 S., 22,2 x 23,5 cm, HC
ISBN 978-3-7724-**6492**-8
€ (D) 17,99

96 S., 22,2 x 23,5 cm, HC
ISBN 978-3-7724-**8126**-0
€ (D) 15,99

28 S., 20,5 x 26,5 cm, HC
SBN 978-3-7724-**7831**-4
(D) 15,99

144 S., 21,5 x 28,5 cm, HC
ISBN 978-3-7724-**8114**-7
€ (D) 19,99

112 S., 21,5 x 28,5 cm, HC
ISBN 978-3-7724-**8135**-2
€ (D) 17,99

64 S., 19,5 x 25 cm, HC
ISBN 978-3-7724-**8123**-9
€ (D) 14,99

52 S., 21,5 x 28,5 cm, HC
BN 978-3-7724-**8121**-5
(D) 29,99

368 S., 21,5 x 28,5, HC
ISBN 978-3-7724-**6366**-2
€ (D) 29,99

352 S., 21,5 x 28,5 cm, HC
ISBN 978-3-7724-**8122**-2
€ (D) 29,99

320 S., 21,5 x 28,5 cm, HC
ISBN 978-3-7724-**6480**-5
€ (D) 29,99

Kreatives Backen

128 S., 20,5 x 26,5 cm, HC
ISBN 978-3-7724-**8051**-5
€ (D) 14,99

96 S., 19,5 x 25 cm, HC
ISBN 978-3-7724-**8047**-8
€ (D) 15,99

144 S., 20,5 x 26,5 cm, HC
ISBN 978-3-7724-**8052**-2
€ (D) 13,99

80 S., 19,5 x 25 cm, HC
ISBN 978-3-7724-**8050**-8
€ (D) 13,99

Natur & Familienbaste

144 S., 19,5 x 25 cm, HC
ISBN 978-3-7724-**7822**-2
€ (D) 15,99

96 S., 22,2 x 23,5 cm, HC
ISBN 978-3-7724-**7794**-2
€ (D) 14,99

128 S., 20,5 x 26,5 cm, HC
ISBN 978-3-7724-**7829**-1
€ (D) 15,99

64 S., 20 x 26 cm, SC
ISBN 978-3-7724-**7801**-7
€ (D) 9,99

KinderKreativ

144 S., 21,5 x 28,5 cm, HC
ISBN 978-3-7724-**7729**-4
€ (D) 19,99

144 S., 20 x 26,5 cm, HC
ISBN 978-3-7724-**7834**-5
€ (D) 9,99

64 S., 20,5 x 26,5 cm, HC
ISBN 978-3-7724-**7762**-1
€ (D) 10,99

64 S., 19,5 x 25 cm, HC
ISBN 978-3-7724-**7798**-0
€ (D) 13,99

320 S., 21,5 x 28,5 cm, HC
ISBN 978-3-7724-**7764**-5
€ (D) 14,99

96 S., 19,5 x 25 cm, HC
ISBN 978-3-7724-**7830**-7
€ (D) 12,99

208 S., 21,5 x 28,5 cm, HC
ISBN 978-3-7724-**7836**-9
€ (D) 15,99

80 S., 20,5 x 26,5 cm, H
ISBN 978-3-7724-**7832**-1
€ (D) 13,99

Handlettering & DIY

112 S., 22,2 x 25,5 cm, HC
ISBN 978-3-7724-**8318**-9
€ (D) 16,99

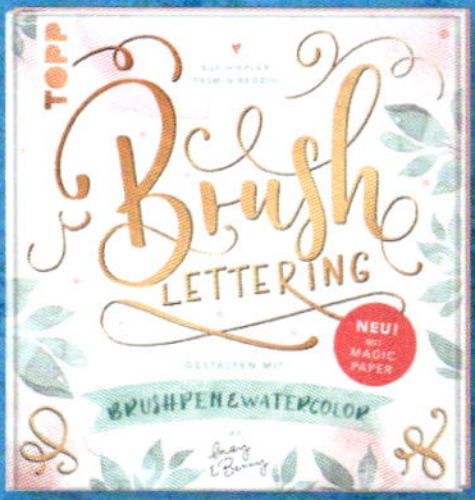

128 S., 22,2 x 23,5 cm, HC
ISBN 978-3-7724-**8336**-3
€ (D) 19,99

96 S., 22,2 x 25,5 cm, HC
ISBN 978-3-7724-**8320**-2
€ (D) 14,99

80 S., 22,2 x 25,5 cm, HC
ISBN 978-3-7724-**7799**-7
€ (D) 14,99

176 S., 22,2 x 23,5 cm, HC
ISBN 978-3-7724-**8333**-2
€ (D) 19,99

96 S., 21,9 x 23 cm, SC
ISBN 978-3-7724-**6217**-7
€ (D) 15,99

256 S., 19,5 x 25 cm, HC
ISBN 978-3-7724-**7751**-5
€ (D) 14,99

160 S., 19,5 x 25 cm, HC
ISBN 978-3-7724-**7819**-2
€ (D) 13,99

144 S., 22,2 x 23,5 cm, HC
ISBN 978-3-7724-**7805**-5
€ (D) 17,99

208 S., 15 x 21 cm, SC
ISBN 978-3-7724-**8326**-4
€ (D) 12,99

112 S., 21,9 x 28 cm, SC
ISBN 978-3-7724-**7808**-6
€ (D) 16,99

240 S., 22,3 x 28,3 cm, HC
ISBN 978-3-7724-**7782**-9
€ (D) 28,00

alen & Zeichnen

160 S., 21,9 x 23 cm, SC
ISBN 978-3-7724-**8332**-5
€ (D) 16,99

160 S., 21,9 x 23 cm, SC
ISBN 978-3-7724-**8312**-7
€ (D) 14,99

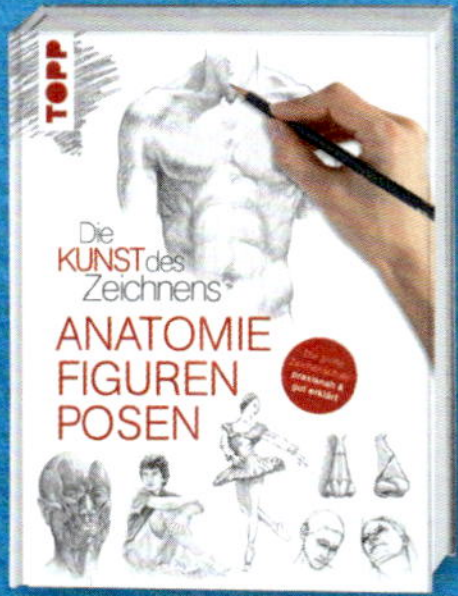

192 S., 23,4x 31,0 cm, HC
ISBN 978-3-7724-**8257**-1
€ (D) 16,99

128 S., 22 x 29,5 cm, HC
ISBN 978-3-7724-**8323**-3
€ (D) 19,99

TOPP

Trick 17

Super als Geschenk

Neu

Lifehacks, die das Leben einfacher machen

336 S., 16,2 x 21 cm, SC
ISBN 978-3-7724-**7793**-5
€ (D) 17,00

336 S., 16,2 x 21 cm, SC
ISBN 978-3-7724-**7784**-3
€ (D) 17,00

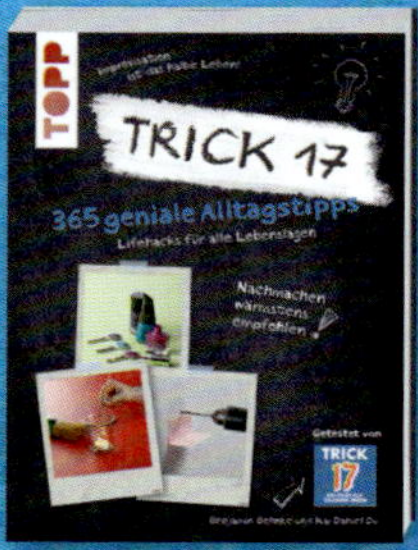

400 S., 16,2 x 21 cm, SC
ISBN 978-3-7724-**7514**-6
€ (D) 17,00

320 S., 16,2 x 21 cm, S
ISBN 978-3-7724-**7826**-
€ (D) 17,00

320 S., 16,2 x 21 cm, SC
ISBN 978-3-7724-**7745**-4
€ (D) 17,00

320 S., 16,2 x 21 cm, SC
ISBN 978-3-7724-**7623**-5
€ (D) 17,00

Kreativ Leben – Bewusst Leben

112 S., 16,5 x 21,5 cm, HC
ISBN 978-3-7724-**7806**-2
€ (D) 14,99

112 S., 19,5 x 25 cm, H
ISBN 978-3-7724-**7818**-
€ (D) 15,99

192 S., 21,9 x 23 cm, SC
ISBN 978-3-7724-**7807**-9
€ (D) 17,99

240 S., 16,2 x 21 cm, SC
ISBN 978-3-7724-**4901**-7
€ (D) 15,00

224 S., 13,7 x 21,5 cm, SC
ISBN 978-3-7724-**4900**-0
€ (D) 16,00

64 S., 28 x 21 cm, SC
ISBN 978-3-7724-**4902**-
€ (D) 10,00

www.topp-kreativ.de

HINWEIS: Aus Sicherheitsgründen dürfen Bindebänder an Baby- und Kinderkleidung nicht länger als 23 cm sein!

Ohrenklappe legen, dass es nur knapp über die Unterkante hinausragt. Die Kordeln jeweils mit einigen Geradstichen innerhalb der NZG fixieren.

3 Das gestreifte Mützenteil auf rechts wenden und kantenbündig r-a-r in das gepunktete stecken. Die Unterkante schließen, dabei die Kordel mitfassen. Nahe der hinteren Mützennaht eine Wendeöffnung von 4 cm offen lassen. Die NZG außer im Bereich der Wendeöffnung auf 3 mm zurückschneiden.

4 Die Mütze wenden, beide Teile ineinanderstecken und in Form bügeln. Die Wendeöffnung mit Matratzenstich von Hand schließen (siehe Seite 105).

TIPP: An der Mützenspitze ein Stück Webband oder eine Jerseynudel als Bommel mitfassen.

SCHWIERIGKEITSGRAD 2

GRÖSSE

56-74/80-92

MATERIAL

- Stoff 1 (Hose): Jersey in Jeansoptik, 45/55 cm x 140 cm
- Stoff 2 (Bündchen): Stretchjersey in Mint, 20 cm x 70 cm
- Stoff 3 (Tasche): Baumwolljersey in Grau/Weiß gestreift, 20 cm x 20 cm (nach Belieben)
- Farblich passendes Nähgarn

SCHNITTMUSTERBOGEN 1A

NAHTZUGABEN

Mit 1 cm NZG zuschneiden.

ZUSCHNITT

Hinweis: Die Hosenbeine des Schnittmusters werden auf Bündchenlänge gekürzt.

Stoff 1:

- 1x Teil „Babyhose“ in doppelter Stofflage

Stoff 2:

- 1x Teil „Babyhose Bauchbündchen“ im Stoffbruch
- 2x Teil „Babyhose Beinbündchen“

Stoff 3:

- 1x Teil „Babyhose Tasche“ (nach Belieben)

FÜR WILDE KIDS

...Babyjeans mit Bündchen und Tasche

ANLEITUNG

1 Nach Belieben die aufgesetzte Hosentasche laut Grundanleitung (Seite 103) vorbereiten, an gewünschter Stelle auf die rückwärtige Hose stecken und aufnähen.

2 Die Hosenbeine jeweils r-a-r entlang der Innenbeinnähte zusammenlegen und schließen. Ein Bein wenden, r-a-r in das zweite Hosenbein stecken und die Schrittnaht schließen (siehe Seite 109).

3 Bauch- und Beinbündchen r-a-r zusammenlegen und an den offenen, kurzen Seiten zum Ring schließen. Bündchenringe der Länge nach l-a-l falten, an die Hose stecken und gleichmäßig gedehnt einnähen (siehe Seite 91). Die Jeanshose wenden und bügeln.

FÜR TAG & NACHT

...Babyhose mit Gummizug

SCHWIERIGKEITSGRAD 1

GRÖSSE
56-74/80-92

MATERIAL

- Stoff 1 (Hose): Nickystoff in Petrol mit grünen Sternen, 50/60 cm x 140 cm
- Stoff 2 (Bauchbündchen): Bündchenware in Grün, 20 cm x 45 cm
- Gummiband, 0,5-1 cm breit, ca. 50 cm
- Farblich passendes Nähgarn

SCHNITTMUSTERBOGEN 1A

NAHTZUGABEN
Mit 1 cm NZG zuschneiden. Beinsaum mit einer Saumzugabe von 2 cm zuschneiden.

ZUSCHNITT

Stoff 1:

- 1x Teil „Babyhose" in doppelter Stofflage

Stoff 2:

- 1x Teil „Babyhose Bauchbündchen" im Stoffbruch

ANLEITUNG

1 Die Hosenbeine jeweils r-a-r entlang der Innenbeinnähte zusammenlegen und schließen. Ein Hosenbein wenden, r-a-r in das zweite Hosenbein stecken und die Schrittnaht schließen (siehe Seite 109).

2 Das Bauchbündchen r-a-r zusammenlegen und an der offenen, kurzen Seite zum Ring schließen. Bündchenring der Länge nach l-a-l falten, an die Hose stecken und gleichmäßig gedehnt einnähen (siehe Seite 91).

3 Die Beinunterkanten mit Gummizügen im Tunnel versehen (siehe Seite 93). Dafür die Unterkanten ggf. versäubern, 2 cm nach innen falten und bügeln. Dann mit Geradstich knappkantig feststeppen, dabei eine Wendeöffnung von 3 cm lassen.

4 Die Länge des Gummibands am Schnittteil für das Beinbündchen abmessen, 2 cm NZG hinzufügen und zwei Stücke zuschneiden. Die Gummibänder mithilfe einer Stopfnadel oder Sicherheitsnadel je in einen Tunnel einziehen, die Enden vernähen, das Gummiband vollständig in den Tunnel stecken und die Öffnung schließen.

PERFEKT GESTREIFT

...Kurze Babyhose mit schmalen Beinbündchen

ANLEITUNG

1 Bündchenstreifen r-a-r zusammenlegen und an den offenen, kurzen Seiten zum Ring schließen (siehe Seite 91).

2 Die Hosenbeine jeweils r-a-r an den Innenbeinkanten bündig aufeinanderlegen und die Innenbeinnähte schließen. Ein Hosenbein wenden und r-a-r in das zweite Bein stecken, die Schrittnaht schließen.

3 Das Gummiband am Bauchbund einnähen (siehe Seite 93). Dafür den Bauchumfang messen und das Gummiband auf 80-90% des Bauchumfangs (je nach Elastizität des Gummis) plus 3 cm NZG zuschneiden.

4 Das Gummiband 3 cm breit überlappend zum Ring nähen, auf die linke Stoffseite des Bauchbundes stecken und gleichmäßig gedehnt entlang der Oberkante an die Hose nähen. Das Gummiband zur linken Stoffseite einklappen und auf Hosenweite gedehnt entlang der Unterkante feststeppen.

5 Die Beinbündchen laut Grundanleitung (Seite 91) r-a-r an die Unterkanten der Hosenbeine stecken und einnähen, ggf. die NZG in die Hosenbeine steppen.

TIPP: In den kleinen Größen evtl. erst die Beinbündchen annähen und ggf. absteppen, dann die Hose zusammennähen.

SCHWIERIGKEITSGRAD 1

GRÖSSE
56-74/80-92

MATERIAL

- Stoff 1 (Hose): Baumwolljersey in Pink/Türkis gestreift, 35/45 cm x 140 cm
- Stoff 2 (Beinbündchen): Bündchenware in Pink, 5 cm x 60 cm
- Gummiband, 3 cm breit, ca. 60 cm
- Farblich passendes Nähgarn

SCHNITTMUSTERBOGEN 1A

NAHTZUGABEN
Mit 1 cm NZG zuschneiden. Bauchbund mit 4 cm Saumzugabe zuschneiden.

ZUSCHNITT
Hinweis: Die Hosenbeine an den entsprechenden Markierungen kürzer schneiden.

Stoff 1:

- 1x Teil „Babyhose kurz" in doppelter Stofflage

Stoff 2:

- 2x Beinbündchen, 5 cm x 80% Unterkante Hosenbein

SUPERLÄSSIG

... Raglan-Kapuzenpulli mit Bündchen

SCHWIERIGKEITSGRAD 2

GRÖSSE
56-74/80-92

MATERIAL

- Stoff 1 (Körper, Ärmel, Bauchtasche): Sweatshirtstoff in Türkis mit Wikingermuster, 65/75 cm x 140 cm
- Stoff 2 (Futter Kapuze): Jerseystoff in Orange, 25/30 cm x 70 cm
- Stoff 3 (Bündchen): Bündchenware in Orange, 35 cm x 50/60 cm
- Farblich passendes Nähgarn

SCHNITTMUSTERBOGEN 1B

NAHTZUGABEN
Alle Teile mit 1 cm NZG zuschneiden.

ZUSCHNITT
Hinweis: Ärmel und Saum an den entsprechenden Markierungen für Bündchen kürzer schneiden.

Stoff 1:

- 1x Teil „Raglanpullover Vorderteil"
- 1x Teil „Raglanpullover Rückenteil"
- 1x Teil „Raglanpullover Ärmel" in doppelter Stofflage
- 1x Teil „Raglanpullover Kapuze" in doppelter Stofflage
- 1x Teil „Raglanpullover Bauchtasche" im Stoffbruch

Stoff 2:

- 1x Teil „Raglanpullover Kapuze" in doppelter Stofflage

Stoff 3:

- 1x Teil „Raglanpullover Bauchbündchen" im Stoffbruch
- 2x Teil „Raglanpullover Ärmelbündchen"
- 2x Bündchen am Tascheneingriff, 5 cm x 20 cm
- 1x Kapuzenbündchen, 5 cm x 50/60 cm

ANLEITUNG

1 Bauchtasche mit Eingriffbündchen laut Grundanleitung (Seite 102) vorbereiten und aufnähen.

2 Die Ärmel jeweils nacheinander r-a-r passend an die Raglannähte des Vorder- und Rückenteils legen und die Raglannähte schließen (siehe Seite 109).

3 Die Ärmel der Länge nach r-a-r zusammenlegen und feststecken. Vorder- und Rückenteil an den Seitenkanten bündig legen und feststecken. Die Ärmelkanten und Seitennähte vom Ärmelsaum bis zur Körperunterkante in einem Zug schließen.

4 Die zwei Teile der Außenkapuze r-a-r aufeinanderlegen und entlang der Scheitelnaht zusammennähen. Mit der Futterkapuze ebenso verfahren. Das Kapuzenbündchen der Länge nach l-a-l falten. Leicht gedehnt r-a-r an

die Vorderkante der Außenkapuze stecken und innerhalb der NZG mit großer Stichlänge heften. Das überschüssige Ende abschneiden. Futterkapuze wenden und r-a-r in die Außenkapuze stecken. Vorderkanten aufeinandernähen, das Bündchen dabei zwischenfassen. Kapuze wenden und bügeln. Bei Bedarf die NZG der Vorderkante in die Kapuze steppen. Futter- und Außenkapuze entlang der Unterkante mit großer Stichlänge innerhalb der NZG heften.

5 Die Kapuze r-a-r in den Ausschnitt stecken, dabei in der hinteren Mitte beginnen und die Kapuze in der vorderen Mitte überlappen lassen. Die Kapuze ringsherum mit einem gut dehnbaren Stich einnähen.

6 Ärmel- und Bauchbündchen r-a-r zum Ring nähen, der Länge nach l-a-l falten und laut Grundanleitung (Seite 91) einnähen. Die NZG von Kapuze und Bauchbündchen bei Bedarf in den Pullover steppen.

GRÜN, GRÜN, GRÜN ...

... Babyshirt mit Knopfleiste und Bündchen

SCHWIERIGKEITSGRAD 2

GRÖSSE
56-74/80-92

MATERIAL

- Stoff 1 (Körper und Ärmel): Baumwolljersey in Grün mit Fahrzeugen, 35/45 cm x 140 cm
- Stoff 2 (Bündchen): Bündchenware oder Stretchjersey in Braun, 25 cm x 50 cm
- Vlieseline G 700, 20 cm x 2 cm
- 2 Jerseydruckknöpfe
- Farblich passendes Nähgarn

SCHNITTMUSTERBOGEN 1A

NAHTZUGABEN
Mit 1 cm NZG zuschneiden. Halsausschnitt ohne NZG zuschneiden.

ZUSCHNITT
Hinweis: Säume an Vorder- und Rückenteil sowie an Ärmeln auf Bündchenlänge kürzen. Die Linien der Knopfleiste auf die linke Stoffseite übertragen.

Stoff 1:

- 1x Teil „Babyshirt Vorderteil"
- 1x Teil „Babyshirt Rückenteil"
- 1x Teil „Babyshirt Ärmel" in doppelter Stofflage

Stoff 2:

- 2x Teil „Babyshirt Ärmelbündchen"
- 1x Teil „Babyshirt Bauchbündchen" im Stoffbruch
- 1x Halsbündchen: 4 cm x 70 % (Bündchenware) oder 80 % (Stretchjersey) des Halsumfangs inkl. Knopfleiste plus 2 cm NZG (ggf. erst am zusammengesetzten Shirt messen)

Vlieseline:

- 2x Streifen, 10 cm x 2 cm

ANLEITUNG

1 Auf die linke Seite der Umschläge für die Schulterknopfleiste je ein Stück Vlieseline aufbügeln. Die Oberkante der verstärkten Umschläge mit Zickzackstich oder mit der Overlock versäubern und die Umschläge zur linken Seite umbügeln.

2 Vorder- und Rückenteil r-a-r an den Schultern bündig aufeinanderlegen und die Schulternaht ohne Knopfleiste schließen.

3 Halsbündchenstreifen r-a-r aufeinanderlegen und an den kurzen Seiten zusammennähen. Die NZG zurückschneiden, die Ecken abschrägen und das Bündchen wenden, Ecken ausformen.

4 Halsbündchen r-a-r von Umschlagkante bis Umschlagkante mit Geradstich und großer Stichlänge gleichmäßig gedehnt an den Halsausschnitt heften (a). Die Knopfleistenumschläge r-a-r straff um das Bündchen klappen und das Halsbündchen annähen. Dabei die Umschläge der Knopfleisten mit dem dazwischenliegenden Bündchen zusammennähen (b). Die Ecken am angenähten Bündchen vorsichtig abschrägen und die Knopfleisten wenden (c).

a

b

c

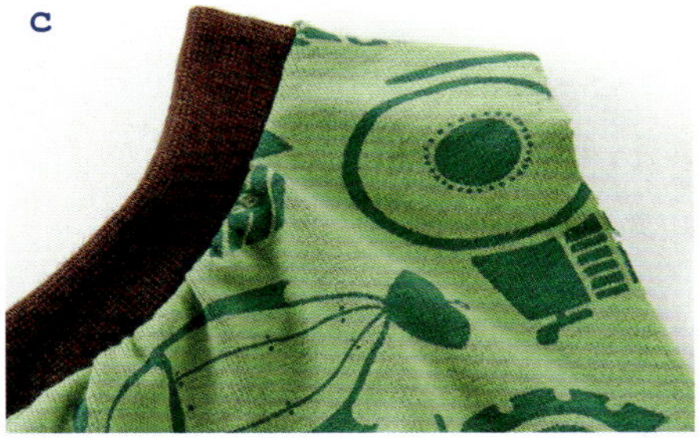

5 Die Umschläge der Knopfleiste bündig übereinanderlegen, dabei liegt das Vorderteil oben. Außen innerhalb der NZG aufeinanderheften.

6 Die Ärmel r-a-r mit der Armkugel in die Armausschnitte einpassen, feststecken und einnähen. Die Ärmel der Länge nach r-a-r zusammenlegen und feststecken. Vorder- und Rückenteil an den Seitenkanten bündig r-a-r legen und aneinanderstecken. Die Ärmelkanten und Seitennähte vom Ärmelsaum bis zur Körperunterkante in einem Zug schließen.

7 Ärmel- und Bauchbündchen laut Grundanleitung (Seite 91) einnähen, ggf. die NZG des Bauchbündchens in das Shirt steppen. Die Druckknöpfe in der Knopfleiste befestigen (siehe Seite 107).

EINFACH BEQUEM

... Raglan-Babypulli mit Bündchen

SCHWIERIGKEITSGRAD 1

GRÖSSE
56-74/80-92

MATERIAL

- Stoff 1 (Körper, Ärmel): Sweatshirtstoff in Rot/Pink gestreift, 40/45 cm x 140 cm
- Stoff 2 (Bündchen): Bündchenware in Grau, 25 cm x 50/60 cm
- Farblich passendes Nähgarn

SCHNITTMUSTERBOGEN 1B

NAHTZUGABEN
Alle Teile mit 1 cm NZG zuschneiden.

ZUSCHNITT
Hinweis: Ärmel und Saum an den entsprechenden Markierungen für Bündchen kürzer schneiden.

Stoff 1:

- 1x Teil „Raglanpullover Vorderteil“ im Stoffbruch
- 1x Teil „Raglanpullover Rückenteil“im Stoffbruch
- 1x Teil „Raglanpullover Ärmel“ in doppelter Stofflage

Stoff 2:

- 1x Teil „Raglanpullover Bauchbündchen“ im Stoffbruch
- 2x Teil „Raglanpullover Ärmelbündchen“
- 1x Halsbündchen, 5 cm x 70% (Bündchenware) bzw. 80% (Stretchjersey) des Umfangs des Halsausschnitts

ANLEITUNG

1 Zunächst die Ärmel jeweils nacheinander r-a-r an die Raglannähte des Vorder- und Rückenteils legen und die Raglannähte schließen.

2 Die Ärmel der Länge nach r-a-r zusammenlegen und feststecken. Vorder- und Rückenteil an den Seitenkanten bündig r-a-r aufeinanderlegen und feststecken. Anschließend die Ärmelkanten und Seitennähte vom Ärmelsaum bis zur Körperunterkante in einem Zug schließen.

3 Hals-, Ärmel- und Bauchbündchen r-a-r zum Ring nähen, der Länge nach l-a-l falten und laut Grundanleitung (Seite 91) einnähen. Die NZG von Hals- und Bauchbündchen bei Bedarf in den Pullover steppen.

TIPP: Das Steppen der Raglan- und Bündchennähte mit einem breiten Zierstich (z.B. Wabenstich) setzt tolle Akzente. Die Ärmelbündchen dabei vor dem Schließen der Seitennähte annähen und absteppen.

AUS EINS MACH ZWEI

... Raglan-Babyjacke mit Druckknöpfen zum Wenden

SCHWIERIGKEITSGRAD 2

GRÖSSE
56-74/80-92

MATERIAL

- Stoff 1 (Außenjacke): Sweatshirtstoff in Rot, 65/75 cm x 140 cm
- Stoff 2 (Innenjacke): Baumwolljersey in Grün mit Pilzen, 65/75 cm x 140 cm
- Stoff 3 (Bommel): Baumwolljersey in Rot/Weiß gestreift, 10 cm x 10 cm
- Vlieseline G 700, 6 cm x 50 cm
- 5-6 Jerseydruckknöpfe
- Farblich passendes Nähgarn

SCHNITTMUSTERBOGEN 1B

NAHTZUGABEN
Mit 1 cm NZG zuschneiden.

ZUSCHNITT
Hinweis: Das Vorderteil der Jacke nicht im Bruch, sondern in doppelter Stofflage und mit angeschnittener Knopfleiste zuschneiden.

Stoff 1:

- 1x Teil „Raglanpullover Vorderteil" in doppelter Stofflage
- 1x Teil „Raglanpullover Rückenteil" im Stoffbruch
- 1x Teil „Raglanpullover Ärmel" in doppelter Stofflage
- 1x Teil „Raglanpullover Kapuze" in doppelter Stofflage

Stoff 2:

- 1x Teil „Raglanpullover Vorderteil" in doppelter Stofflage
- 1x Teil „Raglanpullover Rückenteil" im Stoffbruch
- 1x Teil „Raglanpullover Ärmel" in doppelter Stofflage
- 1x Teil „Raglanpullover Kapuze" in doppelter Stofflage

Stoff 3:

- 5x Stoffstreifen, 2 cm breit x 10 cm (im Maschenlauf)

Vlieseline:

- 2x Streifen, 3 cm x Länge Knopfleiste

ANLEITUNG

1 Die Vlieseline als Verstärkung für die Knopfleiste entlang der Vorderkanten der Außenjacke auf die linke Stoffseite aufbügeln.

2 Für die Außenjacke die Ärmel jeweils nacheinander r-a-r an die Raglannähte des Vorder- und Rückenteils legen und die Raglannähte schließen. Die Ärmel der Länge nach r-a-r zusammenlegen und feststecken. Vorder- und Rückenteil an den Seitenkanten bündig legen und feststecken. Die Ärmelkanten und Seitennähte vom Ärmelsaum bis zur Körperunterkante in einem Zug schließen.

3 Die 5 Stoffstreifen kräftig in die Länge ziehen, längs einrollen und an einem Ende verknoten. Zu einem Bündel zusammenlegen und die ungeknoteten Enden mit Geradstich zu einem Bommel zusammenfassen.

4 Die zwei Teile der Kapuze r-a-r aufeinanderlegen, an der Spitze den Bommel mit dem vernähten Ende dazwischenlegen und die Scheitelnaht nähen. Die Kapuze r-a-r in den Halsausschnitt stecken und annähen.

5 Die Innenjacke wie die Außenjacke allerdings ohne Bommel arbeiten, dabei in einer Seitennaht eine Wendeöffnung von etwa 5 cm lassen. Außen- und Innenjacke r-a-r an der Knopfleiste, der Kapuze und den Unterkanten zusammenstecken und ringsum in einem Zug zusammennähen.

6 Die jeweils rechten Ärmel von Außen- und Innenjacke mit der NZG der Säume r-a-r so zusammenstecken, dass die Seitennähte aufeinandertreffen. Sorgfältig kontrollieren, dass nichts verdreht ist. Dann rundherum zusammennähen. Mit den linken Ärmeln ebenso verfahren.

7 Die Jacke durch die Wendeöffnung wenden. Alle Kanten bügeln und die Wendeöffnung mit Matratzenstich von Hand schließen (siehe Seite 105). Die Druckknöpfe in der Knopfleiste anbringen (siehe Seite 107).

STERN AM HIMMEL

...Babybody mit amerikanischem Ausschnitt und langem Arm

SCHWIERIGKEITSGRAD 2

GRÖSSE
56-74/80-92

MATERIAL

- Stoff 1 (Körper, Ärmel): Baumwolljersey in Grau/Weiß gestreift, 50/55 cm x 140 cm
- Stoff 2 (Einfassung): Baumwolljersey in Mint, 10 cm x 140 cm
- Stoff 3 (Applikation): Baumwolljersey in Mint, 25 cm x 25 cm
- Vliesofix, 25 cm x 25 cm
- 3 Jerseydruckknöpfe
- Farblich passendes Nähgarn

SCHNITTMUSTERBOGEN 1B + 2A

NAHTZUGABEN
Vorder- und Rückenteil an den Seiten sowie Ärmel mit 1 cm NZG zuschneiden. Ausschnittkanten, Unterkanten und Ärmelsaum ohne NZG zuschneiden.

ZUSCHNITT

Stoff 1:

- 1x Teil „Body Vorderteil" im Stoffbruch
- 1x Teil „Body Rückenteil" im Stoffbruch
- 1x Teil „Body Ärmel" in doppelter Stofflage

Stoff 2:

- 1x Einfassstreifen Unterkante, 4 cm x 85 cm
- 2x Einfassstreifen Ausschnitt, 4 cm x 35 cm
- 2x Einfassstreifen Ärmelsäume, 4 cm x 20 cm

Stoff 3:

- 1x Teil „Applikation Stern"

Vliesofix:

- 1x Teil „Applikation Stern"

ANLEITUNG

1 Die Stern-Applikation laut Grundanleitung (Seite 104) mit Vliesofix auf den Brustbereich des Vorderteils bügeln und festnähen.

2 Die Schultermarkierungen durch kleine Einschnitte in der NZG vom Schnittmuster auf die entsprechenden Stoffteile übertragen.

3 An Vorder- und Rückenteil zuerst den Ausschnitt laut Grundanleitung einfassen (unten geschlossene Einfassung, abgesteppt mit Zickzackstich, Seite 97).

4 Das Rückenteil so auf das Vorderteil legen, dass die Schultermarkierungen aufeinandertreffen. Die Überlappung zu beiden Seiten innerhalb der NZG mit einigen Stichen der Nähmaschine aufeinander fixieren.

5 Die Ärmel r-a-r in die Armausschnitte stecken, dabei trifft die Schultermarkierung der Armkugel auf die Markierung im Armausschnitt. Die Ärmel einnähen.

6 Die Ärmelsäume laut Grundanleitung mit einer leicht gedehnten Einfassung versehen (siehe Seite 96). Die Enden der Säume mit der Nähmaschine bündig aufeinandersteppen. Die Ärmel bündig r-a-r falten und Vorder- und Rückenteil ebenfalls bündig r-a-r legen. Dann die erste Seitennaht vom Ärmelbündchen bis zum Bein in einem Zug schließen.

7 Die Unterkante des Bodys mit Vorder- und Rückenteil in einem Zug laut Grundanleitung einfassen (unten geschlossene Einfassung Seite 97). Dabei die Einfassung an den geraden Strecken der Rückseite kräftig dehnen, um den Stoff leicht zu raffen und Platz für den Windelpopo zu schaffen.

8 Die Enden der Einfassung aufeinandersteppen, dann die zweite Seitennaht wie die erste schließen. Alle NZG der eingefassten Kanten in Richtung Rückenteil legen und mit Geradstich von rechts absteppen. Zum Schluss die Jerseydruckknöpfe im Schritt anbringen (siehe Seite 107).

DER LÖWE IST LOS

...Babyshirt mit kurzem Arm

SCHWIERIGKEITSGRAD 1

GRÖSSE
56-74/80-92

MATERIAL

- Stoff 1 (Körper und Ärmel): Baumwolljersey in Blau mit Safarimuster, 45/50 cm x 140 cm
- Stoff 2 (Bündchen): Bündchenware in Gelb, 10 cm x 40 cm
- Farblich passendes Nähgarn

SCHNITTMUSTERBOGEN 1A

NAHTZUGABEN
Mit 1 cm NZG zuschneiden, am Halsausschnitt ohne NZG. Am Saum von Vorder- und Rückenteil 3 cm Saumzugabe hinzufügen.

ZUSCHNITT
Hinweis: Das Schnittmuster der Ärmel an den entsprechenden Markierungen kürzer zuschneiden. Ohne Knopfleistenumschläge zuschneiden.

Stoff 1:

- 1x Teil „Babyshirt Vorderteil"
- 1x Teil „Babyshirt Rückenteil"
- 1x Teil „Babyshirt Ärmel kurz" in doppelter Stofflage

Stoff 2:

- 1x Halsbündchen, 4,5 cm x 70-80% des Halsausschnitts plus 1 cm NZG pro kurzer Seite
- 2x Ärmelbündchen, 4,5 cm x 80% der Länge der Ärmelsäume

ANLEITUNG

1 Vorder- und Rückenteil r-a-r an den Schulterkanten bündig aufeinanderlegen und die Schulternähte schließen. Die Ärmel r-a-r mit der Armkugel in die Armausschnitte einpassen, feststecken und einnähen.

2 Die Ärmel der Länge nach r-a-r zusammenlegen und feststecken. Vorder- und Rückenteil r-a-r an den Seitenkanten bündig aufeinanderlegen und feststecken. Die Ärmelkanten und Seitennähte vom Ärmelsaum bis zur Körperunterkante in einem Zug schließen.

3 Die Bündchenstreifen für Ärmel und Hals jeweils r-a-r zum Ring nähen, der Länge nach l-a-l falten und laut Grundanleitung (Seite 91) einnähen.

4 Den Saum an der Unterkante des Shirts 3 cm nach innen einschlagen und umbügeln. Mit dreigeteiltem Zickzackstich, Wabenstich, Zwillingsnadel oder der Covermaschine absteppen.

GANZ HERZIG

…Babybody mit amerikanischem Ausschnitt und kurzem Arm

SCHWIERIGKEITSGRAD 2

GRÖSSE
56-74/80-92

MATERIAL

- Stoff 1 (Körper, Ärmel): Baumwolljersey in Pink mit Herzchen, 50/55 cm x 140 cm
- Stoff 2 (Einfassung): Bündchenware in Gelb, 15 cm x 70 cm
- 3 Jerseydruckknöpfe
- Farblich passendes Nähgarn

SCHNITTMUSTERBOGEN 1B

NAHTZUGABEN
Vorder- und Rückenteil an den Seiten sowie Ärmel mit 1 cm NZG zuschneiden. Ausschnittkanten, Unterkanten und Ärmelsaum ohne NZG zuschneiden.

ZUSCHNITT
Hinweis: Ärmel an den entsprechenden Markierungen kürzer zuschneiden.

Stoff 1:

- 1x Teil „Body Vorderteil" im Stoffbruch
- 1x Teil „Body Rückenteil" im Stoffbruch
- 1x Teil „Body Ärmel" in doppelter Stofflage

Stoff 2:

- 1x Einfassstreifen Unterkante, 4-4,5 cm x 70 cm
- 2x Einfassstreifen Ausschnitt, 4-4,5 cm x 35 cm
- 2x Einfassstreifen Ärmelsäume, 4-4,5 cm x 20 cm

ANLEITUNG

Den Kurzarmbody wie den Langarmbody von Seite 35 arbeiten. Statt der Einfassung gefaltete Bündchenstreifen laut Grundanleitung anbringen (Seite 96), dabei an den einzelnen Teilen wie beim Langarmbody beschrieben verfahren.

VON KOPF BIS FUSS

...Babyanzug mit Knopfleiste vorne – mit langen Armen und Beinen

ANLEITUNG

1 Die beiden Vorderteile r-a-r rechts und links an den Schulterkanten bündig auf das Rückenteil legen und die Schulternähte schließen. Die Ärmel r-a-r mit der Armkugel in die Armausschnitte einpassen und feststecken. Festnähen.

2 Die Ärmel der Länge nach r-a-r zusammenlegen und feststecken. Vorderteile und Rückenteil an den Seitenkanten bündig legen und feststecken. Die Ärmelkanten und Seitennähte vom Ärmelbündchen bis zur Beinunterkante in einem Zug schließen.

3 Die mittleren Seitenkanten der Vorderteile und den Halsausschnitt mit einer Einfassung in einer Breite von 1-1,5 cm laut Grundanleitung versehen (unten offene Einfassung Seite 97), immer etwas breiter als die verwendeten Druckknöpfe. Dafür unten an einem Vorderteil beginnen. An der geraden Linie Richtung Halsausschnitt die Einfassung ungedehnt anbringen, in der Halsrundung für einen guten Sitz dehnen und an der anderen Kante wieder ungedehnt annähen. Anschließend die Enden der Einfassung im Schritt bündig aufeinanderlegen und mit einigen Stichen der Nähmaschine aufeinander fixieren.

4 Den Zwickel mit der laut Schnittmuster auf das Rückenteil treffenden Seite sorgfältig r-a-r mittig zwischen die Beine des Rückenteils stecken und einnähen. Nun jeweils die Beininnenkanten von Vorder- und Rückenteil sorgfältig r-a-r legen. An der Oberseite liegt der Zwickel zwischen beiden Teilen, die eingefasste Knopfleiste trifft auf die vordere Mitte des Zwickels. Die Schrittnaht schließen.

5 Die Ärmel- und Beinbündchen laut Grundanleitung (Seite 91) annähen. Die Druckknöpfe in gleichmäßigen Abständen in der Knopfleiste fixieren (siehe Seite 107).

SCHWIERIGKEITSGRAD 2

GRÖSSE

56-74/80-92

MATERIAL

- Stoff 1 (Körper): Baumwolljersey „Little forest", 60/80 cm x 140 cm
- Stoff 2 (Bündchen und Einfassung): Bündchenware in Pink, 30 cm x 100 cm
- 5-6 Jerseydruckknöpfe
- Farblich passendes Nähgarn

SCHNITTMUSTERBOGEN 1A

NAHTZUGABEN

Mit 1 cm NZG rundherum zuschneiden. Halsausschnitt und mittige Seitenkanten der Vorderteile ohne NZG.

ZUSCHNITT

Stoff 1

- 1x Teil „Babyanzug Rückenteil" im Stoffbruch
- 1x Teil „Babyanzug Vorderteil" in doppelter Stofflage
- 1x Teil „Babyanzug Ärmel" in doppelter Stofflage
- 1x Teil „Babyanzug Zwickel"

Stoff 2

- 2x Teil „Babyanzug Beinbündchen"
- 2x Teil „Babyanzug Ärmelbündchen"
- 1x Einfassstreifen Knopfleiste, 4 cm x 100 cm

SCHWIERIGKEITSGRAD 2

GRÖSSE
56-74/80-92

MATERIAL

- Stoff 1 (Körper): Baumwolljersey in Hellblau mit Ankern, 50/60 cm x 140 cm
- Stoff 2 (Bündchen und Einfassung): Bündchenware in Rot, 10 cm x 100 cm
- 5-6 Jerseydruckknöpfe
- Farblich passendes Nähgarn

SCHNITTMUSTERBOGEN 1A

NAHTZUGABEN
Mit 1 cm NZG rundherum zuschneiden. Halsausschnitt und mittige Seitenkanten der Vorderteile sowie die Ärmel- und Beinsäume ohne NZG zuschneiden.

AHOI, KAPITÄN!

...Babyanzug mit Knopfleiste vorne – mit kurzen Ärmeln und Beinen

ZUSCHNITT

Hinweis: Vorderteile und Rückenteil für kurze Beine und Ärmel an den entsprechenden Markierungen kürzer zuschneiden.

Stoff 1:

- 1x Teil „Babyanzug Rückenteil" im Stoffbruch
- 1x Teil „Babyanzug Vorderteil kurz" in doppelter Stofflage
- 1x Teil „Babyanzug Ärmel kurz" in doppelter Stofflage
- 1x Teil „Babyanzug Zwickel"

Stoff 2:

- 1x Einfassstreifen für Halsausschnitt, 4 cm x 100 cm
- 2x Einfassstreifen für Ärmelsäume, 4 cm x 25 cm
- 2x Einfassstreifen für Beinsäume, 4 cm x 25 cm

ANLEITUNG

1 Die Ärmelkanten jeweils laut Grundanleitung mit gefalteten Bündchenstreifen einfassen (siehe Seite 96). Dabei das Bündchen leicht gedehnt annähen und die NZG in die Ärmel steppen.

2 Die beiden Vorderteile r-a-r rechts und links an den Schulterkanten bündig auf das Rückenteil legen und die Schulternähte schließen. Die Ärmel r-a-r mit der Armkugel in die Armausschnitte einpassen und feststecken. Festnähen.

3 Die Ärmel der Länge nach r-a-r zusammenlegen und feststecken. Die Vorderteile und das Rückenteil an den Seitenkanten bündig legen und feststecken. Die Ärmelbündchen mit einigen Stichen der Nähmaschine provisorisch fixieren, danach die Nähte jeweils vom Ärmelbündchen bis zur Beinunterkante in einem Zug schließen.

4 Die Unterkanten der Beine nun wie die Ärmelkanten mit gefalteten Einfassungen versehen und die NZG in die Beine steppen.

5 Den Anzug wie beim Modell auf Seite 42 in Schritt 3 und 4 beschrieben fertigstellen. Zum Schluss die Jerseydruckknöpfe in gleichmäßigen Abständen auf der Knopfleiste anbringen (siehe Seite 107).

KINDER-GRÖSSEN

von 98-134

SCHWIERIGKEITSGRAD 1

GRÖSSE
41-61 cm Kopfumfang

MATERIAL

- Stoff 1 (Mütze): Baumwolljersey in Bunt gestreift, 20 cm x 30 cm
- Stoff 2 (Bündchen): Bündchenware in Grau, 50 cm x 15 cm
- Farblich passendes Nähgarn

SCHNITTMUSTERBOGEN 2A

NAHTZUGABEN
Es ist eine NZG von 7 mm enthalten.

ZUSCHNITT

Stoff 1:

- 1x Teil „Bündchenmütze" im Stoffbruch

Stoff 2:

- 1x Teil „Bündchenmütze Bündchen" im Stoffbruch

REGENBOGENBUNT

...Bündchenmütze

ANLEITUNG

1. Den Mützenteil laut Grundanleitung (siehe Seite 110) zusammennähen.

2. Bündchen r-a-r zusammenlegen und an der offenen, kurzen Seite zum Ring schließen. Die NZG ggf. zurückschneiden. Bündchenring der Länge nach l-a-l falten und bügeln.

3. Die vordere Mitte von Mützenunterkante und Bündchenring mit Stecknadeln markieren. Das Bündchen hier und an den Nähten passend in die Mütze stecken und gleichmäßig gedehnt einnähen. Die Mütze auf rechts wenden, bei Bedarf die NZG in die Mütze steppen.

TIPP: Die Bündchenmütze kann auch gefüttert genäht werden. Dafür den Mützenteil zweimal zuschneiden und nähen. An der Rückseite der Innenmütze eine Wendeöffnung lassen. Anschließend die Innenmütze wenden, r-a-r in die Außenmütze stecken, das gefaltete Bündchen zwischen die Mützen legen und alle drei Lagen entlang der Unterkante zusammennähen. Die Mütze durch die Wendeöffnung wenden und die Wendeöffnung mit Matratzenstich von Hand verschließen (siehe Seite 105).

SCHWIERIGKEITSGRAD 1

GRÖSSE

44-61 cm Kopfumfang

MATERIAL

- Stoff 1: Baumwolljersey in Dunkelblau mit Sternen, 60 cm x 60 cm
- Farblich passendes Nähgarn

SCHNITTMUSTERBOGEN 2A

NAHTZUGABEN

Es ist eine NZG von 7 mm enthalten.

ZUSCHNITT

Stoff 1:

- 1x Teil „Beaniemütze" im Stoffbruch

STERNENHIMMEL

... Gedoppelte Beanie/Krempelmütze

ANLEITUNG

1 Den Mützenteil auf beiden Seiten laut Grundanleitung (siehe Seite 110) nähen. Die Scheitelnaht beginnt und endet in der vorderen Mitte. An der Rückseite der Mütze knapp unterhalb der Gipfel eine Wendeöffnung von 4 cm lassen.

2 Die Mütze durch die Wendeöffnung auf rechts wenden. Die Kanten der Öffnung aneinanderlegen und durch Matratzenstich von Hand schließen oder knappkantig mit der Nähmaschine absteppen (siehe Seite 105).

3 Die Mütze l-a-l ineinanderstülpen, die geschlossene Wendeöffnung liegt dabei innen. Die Mütze kann jetzt lang als Beanie oder mit aufgekrempelter Unterkante getragen werden.

TIPP: Die Mütze kann auch als Wendemütze genäht werden. Dafür das Schnittmuster entlang der Mittellinie teilen und die Hälften jeweils aus verschiedenen Stoffen zuschneiden. Dabei an der Unterkante (Mittellinie im Schnittmuster) eine NZG von 7 mm hinzufügen. Beide Mützen separat fertigstellen, in einer eine Wendeöffnung lassen. Die Mützen r-a-r ineinanderstecken und die Unterkanten ringsherum miteinander vernähen. Wenden und die Wendeöffnung schließen.

ZARTE FARBEN

...Schlauchschal

SCHWIERIGKEITSGRAD 1

GRÖSSE
Einheitsgröße

MATERIAL

- Stoff 1: Baumwolljersey in Rosa mit Vichykaro, 30 cm x 50 cm
- Stoff 2: Baumwolljersey in Blau mit Punkten, 30 cm x 50 cm
- Farblich passendes Nähgarn

SCHNITTMUSTERBOGEN 1B

NAHTZUGABEN
Eine NZG von 1 cm ist bereits enthalten.

ZUSCHNITT

Stoff 1 und 2:

- Je 1x Teil „Schlupfschal" im Stoffbruch

ANLEITUNG

1. Die beiden Schalteile bündig r-a-r aufeinanderlegen und die lange Ober- und Unterkante mit einem dehnbaren Stich zusammennähen.

2. Den Schlauch r-a-r ineinanderstülpen, sodass die identischen Stoffe jeweils aufeinander- und die offenen Kanten bündig liegen.

3. Die offenen Kanten ringförmig zusammennähen, dabei eine Wendeöffnung von 4 cm lassen. Den Schal durch die Öffnung wenden. Die NZG an der Wendeöffnung einschlagen und bügeln. Nun die Öffnung im Matratzenstich von Hand schließen oder knappkantig mit der Nähmaschine absteppen (siehe Seite 105).

TIPP: Mit einer zum Schlauchschal passenden Wendemütze (siehe Seite 51) haben Sie gleich ein komplettes Ensemble für kalte Tage.

BUNTER BLICKFANG

...Patchworkschal

SCHWIERIGKEITSGRAD 1

GRÖSSE
Einheitsgröße

MATERIAL

- Stoff 1-8: Baumwolljersey nach Wahl, je 18 cm x 18 cm
- Stoff 9: Fleece nach Wahl, 18 cm x 130 cm

SCHNITTMUSTERBOGEN 1B

NAHTZUGABEN
Es ist eine NZG von 1 cm enthalten.

ZUSCHNITT

Stoff 1-8:

- Je 1x Teil „Patchworkschal Oberseite"

Stoff 9:

- 1x Teil Rückseite, 18 cm x 130 cm

HINWEIS: Beim Nähen den Maschenlauf beachten, er sollte jeweils parallel zur langen Seite des Schals verlaufen.

ANLEITUNG

1 Zwei Quadrate r-a-r aufeinanderlegen und an einer Seite quer zum Maschenlauf zusammennähen. Dabei darauf achten, die NZG einzuhalten. Das nächste Quadrat an einer Seite annähen und so alle 8 Teile zur Schaloberseite zusammensetzen.

2 Die Rückseite r-a-r auf die Schaloberseite legen und rundherum zusammennähen. An einer Seite eine Wendeöffnung von 4 cm lassen. Den Schal durch die Wendeöffnung auf rechts wenden, die Ecken mit einem stumpfen Gegenstand ausformen und vorsichtig bügeln.

3 Die Wendeöffnung mit Matratzenstich von Hand schließen oder den Schal ringsherum absteppen und dabei die Wendeöffnung verschließen (siehe Seite 105).

TIPP: Wenn Sie eine Overlockmaschine besitzen, können Sie die Einzelteile jeweils ohne seitliche NZG zuschneiden, also mit den Maßen 16 cm x 18 cm und 16 cm x 130 cm. Die fertige Patchwork-Oberseite l-a-l auf die Rückseite legen und ringsherum offenkantig aufeinandernähen. Dazu die Ecken vorher etwas abrunden.

BEREIT FÜR DEN TAG

...Kinderhose mit Bündchen aus Nicky

SCHWIERIGKEITSGRAD 1

GRÖSSE
98-116/122-134

MATERIAL

- Stoff 1 (Hose): Nickystoff in Petrol/Weiß mit Sternen, 65/80 cm x 140 cm
- Stoff 2 (Bündchen): Bündchenware in Braun, 35 cm x 70 cm
- Farblich passendes Nähgarn

SCHNITTMUSTERBOGEN 2A

NAHTZUGABEN
Mit 1 cm NZG zuschneiden.

ZUSCHNITT
Hinweis: Die Hosenbeine an den entsprechenden Markierungen für Bündchen kürzer schneiden.

Stoff 1:

- 1x Teil „Kinderhose" in doppelter Stofflage

Stoff 2:

- 1x Teil „Kinderhose Bauchbündchen" im Stoffbruch
- 2x Teil „Kinderhose Beinbündchen"

ANLEITUNG

1 Die Hosenbeine jeweils r-a-r entlang der Innenbeinnähte zusammenlegen und schließen. Ein Bein wenden, r-a-r in das zweite Hosenbein stecken und dann die Schrittnaht schließen (siehe Seite 109).

2 Bauch- und Beinbündchen r-a-r zusammenlegen und an den offenen, kurzen Seiten zum Ring schließen. Bündchenringe der Länge nach l-a-l falten, an die Hose stecken und gleichmäßig gedehnt einnähen (siehe Seite 91). Die Kinderhose wenden und bügeln.

SCHWIERIGKEITSGRAD 1

GRÖSSE
98-116/122-134

MATERIAL

- Stoff 1 (Hose und Tasche): Sweatshirtstoff in Türkis/Petrol gestreift, 80/90 cm x 140 cm
- Gummiband, 3 cm breit, 60-70 cm
- Gummiband, 2 cm breit, ca. 50 cm
- Farblich passendes Nähgarn

SCHNITTMUSTERBOGEN 2A

NAHTZUGABEN
Mit 1 cm NZG zuschneiden. Den Beinsaum mit einer Saumzugabe von 2 cm, den Bund mit 4 cm und die Oberkante der Tasche mit 3 cm zuschneiden.

ZUSCHNITT

Stoff 1:

- 1x Teil „Kinderhose" in doppelter Stofflage
- 1x Teil „Kinderhose Rückwärtige Tasche"

RINGELREIHEN

... Ringelhose mit Gummibund

ANLEITUNG

1 Die Hosentasche laut Grundanleitung (siehe Seite 103) vorbereiten, an gewünschter Stelle auf die rückwärtige Hose stecken und aufnähen.

2 Die Hosenbeine jeweils r-a-r entlang der Innenbeinnähte zusammenlegen und schließen. Ein Hosenbein wenden, r-a-r in das zweite Hosenbein stecken und dann die Schrittnaht schließen (siehe Seite 109).

3 Das Gummiband am Bauchbund einnähen (siehe Seite 93). Dafür den Bauchumfang messen und das Gummiband auf 80-90% des Bauchumfangs (je nach Elastizität des Gummis) plus 3 cm NZG zuschneiden.

4 Das Gummiband 3 cm breit überlappend zum Ring nähen, auf die linke Stoffseite des Bauchbundes stecken und gleichmäßig gedehnt entlang der Oberkante an die Hose nähen. Das Gummiband zur linken Stoffseite einklappen und auf Hosenweite gedehnt entlang der Unterkante festnähen.

5 Die 2 cm breiten Beingummis am Schnittteil für Bündchen abmessen, zwei Teile in passender Länge plus 3 cm NZG zuschneiden und 3 cm breit überlappend zum Ring nähen. Die Beingummiringe genau wie das Bundgummi in die Beinsäume stecken, die Kanten vernähen, nach innen umschlagen und die Gummis auf Saumweite gedehnt absteppen.

SCHWIERIGKEITSGRAD 2

GRÖSSE
98-116/122-134

MATERIAL

- Stoff 1 (Hose und Taschen): Sweatshirtstoff in Rot, 50/60 cm x 140 cm
- Stoff 2 (Tascheneingriff): Stretchjersey in Rot/Weiß, 50 cm x 5 cm
- Gummiband, 3 cm breit, ca. 60 cm
- Farblich passendes Nähgarn

SCHNITTMUSTERBOGEN 2A

NAHTZUGABEN
Mit 1 cm NZG zuschneiden. Tascheneingriff ohne NZG zuschneiden. Beinsaum mit einer Saumzugabe von 2 cm zuschneiden.

FÜR SOMMERTAGE

...Kurze Hose mit Fronttaschen und angesetztem Bund

ZUSCHNITT

Hinweis: Das Schnittmuster der Hose entlang der Trennungslinie als Vorder- und Rückenteil abzeichnen. Die Hosenbeine an den entsprechenden Markierungen kürzer zuschneiden.

Stoff 1:

- 1x Teil „Kinderhose Vorderteil kurz“ in doppelter Stofflage
- 1x Teil „Kinderhose Rückenteil kurz“ in doppelter Stofflage
- 1x Teil „Kinderhose Fronttasche“ in doppelter Stofflage
- 1x Bund, 8 cm x Weite Hosenbund

Stoff 2:

- 2x Eingriffbündchen Tasche, 5 cm x 20 cm

ANLEITUNG

1 Für die Fronttaschen die Tascheneingriffe mit gefalteten Jerseystreifen versehen, die NZG der vorderen Mitte und der Unterkanten ggf. versäubern und zur linken Stoffseite umbügeln (siehe Seite 103).

2 Die Taschen mit der Oberkante und der Seitenkante bündig auf das rechte und linke Vorderteil stecken und mit Geradstich knappkantig feststeppen. Innerhalb der NZG seitlich und oben mit größerer Stichlänge heften.

3 Das Vorder- und Rückenteil der Hose an den Seiten- und Innenbeinkanten r-a-r bündig aufeinanderlegen und zusammennähen. Ein Hosenbein wenden, r-a-r in das zweite Hosenbein stecken und die Schrittnaht schließen (siehe Seite 109)

4 Den Bauchumfang messen und das Gummiband auf 80-90% des Bauchumfangs (je nach Elastizität des Gummis) plus 3 cm NZG zuschneiden. Das Gummiband 3 cm breit überlappend zu einem Ring nähen.

5 Den angesetzten Bund r-a-r zusammenlegen und an den offenen, kurzen Seiten zum Ring schließen. Anschließend der Länge nach l-a-l falten und bügeln. Den Gummiring in den Bund hineinlegen und den Bund mit Stecknadeln in Viertel einteilen. Den Hosenbund analog dazu ebenfalls vierteln. Nun den angesetzten Bund r-a-r in den geviertelten Hosenbund stecken und einnähen (siehe Seite 94).

6 Die Beinsäume 2 cm nach innen einschlagen, bügeln und absteppen.

FUNKELSTERNE

...Langarm-Raglanshirt mit Bündchen und Paspel

SCHWIERIGKEITSGRAD 2

GRÖSSE
98-116/122-134

MATERIAL

- Stoff 1 (Körper): Baumwolljersey in Schwarz mit weißen Sternen, 50/55 cm x 140 cm
- Stoff 2 (Bündchen): Bündchenware oder Stretchjersey in Gelb, 30/35 cm x 65 cm
- Stoff 3 (Paspeln): Bündchenware oder Jerseystoff in Gelb, 3 cm x 100 cm
- Farblich passendes Nähgarn

SCHNITTMUSTERBOGEN 2B

NAHTZUGABEN
Mit 1 cm NZG zuschneiden. Vorder-, Rückenteil und Ärmel am Halsausschnitt ohne NZG zuschneiden.

ZUSCHNITT
Hinweis: Vorder- und Rückenteil an der Linie für das Bauchbündchen kürzer zuschneiden.

Stoff 1:

- 1x Teil „Raglanshirt Vorderteil" im Stoffbruch
- 1x Teil „Raglanshirt Rückenteil" im Stoffbruch
- 1x Teil „Raglanshirt Ärmel" in doppelter Stofflage

Stoff 2:

- 1x Teil „Raglanshirt Bauchbündchen" im Stoffbruch
- 1x Ausschnittbündchen, 4 cm (im Maschenlauf) x 70 % (Bündchenstoff) bzw. 80 % (Stretchjersey) der Ausschnittweite
- 1x Teil „Raglanshirt Ärmelbündchen" in doppelter Stofflage

Stoff 3 (wahlweise = Stoff 2):

- 4x Paspelstreifen, 3 cm x Länge der Raglannähte

ANLEITUNG

1 Zunächst die Paspeln laut Grundanleitung (siehe Seite 101) an Vorder- und Rückenteil anbringen. Dafür jeweils einen gefalteten Streifen r-a-r bündig an die Raglannähte anlegen und füßchenbreit feststeppen.

2 Nun die Ärmel jeweils nacheinander r-a-r an die Raglannähte des Vorder- und Rückenteils legen (siehe Seite 109) und mit Vorder- bzw. Rückenteil oben liegend knapp innerhalb der Paspelnaht festnähen. Die NZG eventuell in Vorder- bzw. Rückenteil legen und von rechts absteppen (Geradstich möglich).

3 Die Ärmel der Länge nach r-a-r zusammenlegen und feststecken. Vorder- und Rückenteil an den Seitenkanten bündig legen und feststecken. Die Ärmelkanten und Seitennähte vom Ärmelsaum bis zur Körperunterkante in einem Zug schließen.

4 Die Bündchen für Ärmel, Saum und Hals laut Grundanleitung (siehe Seite 91) annähen. Dafür zuerst alle Bündchen r-a-r zum Ring zusammennähen und dann der Länge nach l-a-l falten. In Ausschnitte bzw. Bund stecken und gleichmäßig gedehnt einnähen. Eventuell die NZG von Saum und Halsbündchen zum Körper hin in das Shirt steppen.

SCHWIERIGKEITSGRAD 2

GRÖSSE

98-116/122-134

MATERIAL

- Stoff 1 (Körper und Ärmel): Baumwolljersey in Rot/Weiß gestreift, 55/60 cm x 140 cm
- Stoff 2 (Bündchen): Bündchenware oder Stretchjersey in Dunkelblau, 40 cm x 40 cm
- Stoff 3 (Applikation): Baumwolljersey in Dunkelblau, 30 cm x 30 cm
- Vliesofix, 30 cm x 30 cm
- Farblich passendes Nähgarn

SCHNITTMUSTERBOGEN
2B + 2A

MEIN AUGENSTERN

...Langarm-Raglanshirt mit Säumen und Applikation

NAHTZUGABEN

Mit 1 cm NZG zuschneiden. Vorder-, Rückenteil und Ärmel am Halsausschnitt ohne NZG und an den Unterkanten mit 3 cm Saumzugabe zuschneiden.

ZUSCHNITT

Stoff 1:

- 1x Teil „Raglanshirt Vorderteil" im Stoffbruch
- 1x Teil „Raglanshirt Rückenteil" im Stoffbruch
- 1x Teil „Raglanshirt Ärmel" in doppelter Stofflage

Stoff 2:

- 1x Ausschnittbündchen, 4 cm (im Maschenlauf) x 70 % (Bündchenstoff) bzw. 80 % (Stretchjersey) der Ausschnittweite

Stoff 3:

- 1x Teil „Applikation Stern"

Vliesofix:

- 1x Teil „Applikation Stern"

ANLEITUNG

1. Den Stern laut Grundanleitung (Seite 104) auf das Vorderteil applizieren. Bei der Platzierung bedenken, dass später noch die NZG und die Saumzugabe wegfallen. Dafür am besten den gebügelten Stoffbruch als Mittelachse für das Vorderteil zur Orientierung verwenden.

2. Die Ärmel jeweils nacheinander r-a-r an die Raglannähte des Vorder- und Rückenteils legen und die Raglannähte schließen (siehe Seite 109).

3. Die Ärmel der Lange nach r-a-r zusammenlegen und feststecken. Vorder- und Rückenteil an den Seitenkanten bündig r-a-r legen und ebenfalls feststecken. Die Ärmelkanten und Seitennähte vom Ärmelsaum bis zur Körperunterkante in einem Zug schließen.

4. Das Ausschnittbündchen laut Grundanleitung (Seite 91) annähen. Dafür das Bündchen r-a-r zum Ring zusammennähen, der Länge nach l-a-l falten, in den Ausschnitt stecken und gleichmäßig gedehnt einnähen. Ggf. die NZG zum Körper hin in das Shirt steppen.

5. Die Säume an Ärmeln und Körper laut Grundanleitung (Seite 92) arbeiten.

TIPP: Bei kleinen Größen kann es von Vorteil sein, die Ärmelsäume vor dem Schließen der Seitennähte zu nähen, die NZG am Saum anschließend zur Rückseite zu legen und von rechts mit Geradstich festzusteppen.

SCHWIERIGKEITSGRAD 1

GRÖSSE

98-116/122-134

MATERIAL

- Stoff 1 (Körper): Baumwolljersey in Blau mit Äpfeln, 55/60 cm x 80 cm
- Stoff 2 (Ärmel): Baumwolljersey in Rot/Weiß gestreift, 20/25 cm x 70 cm
- Stoff 3 (Einfassungen): Bündchenware in Rot, 4 cm x 100 cm
- Farblich passendes Nähgarn

SCHNITTMUSTERBOGEN 2B

APFELBÄCKCHEN

... Kurzarm-Raglanshirt mit eingefassten Hals- und Armausschnitten

NAHTZUGABEN

Mit 1 cm NZG zuschneiden.
Vorder-, Rückenteil und Ärmel am Halsausschnitt und Ärmelsaum ohne NZG zuschneiden.
Die Unterkante von Vorder- und Rückenteil mit 3 cm Saumzugabe zuschneiden.

ZUSCHNITT

Stoff 1:

- 1x Teil „Raglanshirt Vorderteil" im Stoffbruch
- 1x Teil „Raglanshirt Rückenteil" im Stoffbruch

Stoff 2:

- 1x Teil „Raglanshirt kurzer Ärmel" in doppelter Stofflage

Stoff 3:

- 1x Einfassstreifen für Ausschnitt, 4 cm x 70-80% der Länge des Halsausschnittes
- 2x Einfassstreifen für Ärmelsäume, 4 cm x 80% der Länge des Ärmelsaumes

ANLEITUNG

1 Zunächst die Ärmel jeweils nacheinander an die Raglannähte des Vorderteils legen und die Raglannähte schließen (siehe Seite 109). Dann einen Ärmel entlang der Raglannaht an das Rückenteil nähen. Die zweite Seite bleibt offen.

2 Den Halsausschnitt und die Ärmelsäume laut Grundanleitung mit einer Einfassung (unten offene Einfassung, Seite 97) versehen.

3 Anschließend die zweite Raglannaht der Rückseite schließen. Die NZG der Halseinfassung in Richtung Rückenteil legen und auf Breite der Einfassung von rechts mit Geradstich absteppen.

4 Die Ärmel der Länge nach r-a-r zusammenlegen und feststecken. Die Einfassungen bündig mit einigen Stichen der Nähmaschine heften. Vorder- und Rückenteil an den Seitenkanten bündig r-a-r legen und ebenfalls feststecken. Die Ärmelkanten und Seitennähte vom Ärmelsaum bis zur Körperunterkante in einem Zug schließen. Die NZG der Ärmeleinfassungen ebenfalls in Richtung Rückenteil steppen.

5 Den Saum an der Unterkante des Shirts 3 cm nach innen einschlagen und umbügeln. Mit dreigeteiltem Zickzackstich, der Zwillingsnadel oder der Covermaschine absteppen.

GUT ANGEZOGEN

...Klassischer Pulli mit Bündchen und Applikation

SCHWIERIGKEITSGRAD 2

GRÖSSE
98-116/122-134

MATERIAL

- Stoff 1 (Körper): Sweatshirtstoff in Grün, 45/55 cm x 140 cm
- Stoff 2 (Bündchen): Bündchenware in Braun, 30 cm x 65/75 cm
- Stoff 3 (Applikation Kreis): Baumwolljersey in Weiß, 30 cm x 30 cm
- Stoff 4 (Applikation Stern): Baumwolljersey in Braun, 30 cm x 30 cm
- Vliesofix, 30 cm x 60 cm
- Farblich passendes Nähgarn

SCHNITTMUSTERBOGEN 2B + 2A

NAHTZUGABEN
Vorder-, Rückenteil und Ärmel mit 1 cm NZG zuschneiden. Säume ebenfalls mit 1 cm NZG, Ausschnittkanten ohne NZG zuschneiden.

ZUSCHNITT

Stoff 1:

- 1x Teil „Pullover Vorderteil" im Stoffbruch
- 1x Teil „Pullover Rückenteil"im Stoffbruch
- 1x Teil „Pullover Ärmel" in doppelter Stofflage

Stoff 2:

- 1x Halsbündchen, 5 cm (im Maschenlauf) x 70% (Bündchenstoff) bzw. 80% (Stretchjersey) der Ausschnittweite
- 1x Teil „Pullover Bauchbündchen" im Stoffbruch
- 2x Teil „Pullover Ärmelbündchen"

Stoff 3:

- 1x Teil „Applikation Kreis"

Stoff 4:

- 1x Teil „Applikation Stern"

Vliesofix:

- 1x Teil „Applikation Kreis"
- 1x Teil „Applikation Stern"

ANLEITUNG

1 Zunächst den Kreis, danach den Stern laut Grundanleitung (Seite 104) auf das Vorderteil applizieren. Bei der Platzierung bedenken, dass später noch die NZG und die Saumzugabe wegfallen. Dafür am besten den gebügelten Stoffbruch als Mittelachse für das Vorderteil zur Orientierung verwenden.

2 Vorder- und Rückenteil r-a-r an den Schulterkanten bündig aufeinanderlegen und die Schulternähte schließen.

3 Ärmel r-a-r mit der Armkugel in die Armausschnitte einpassen, feststecken und einnähen.

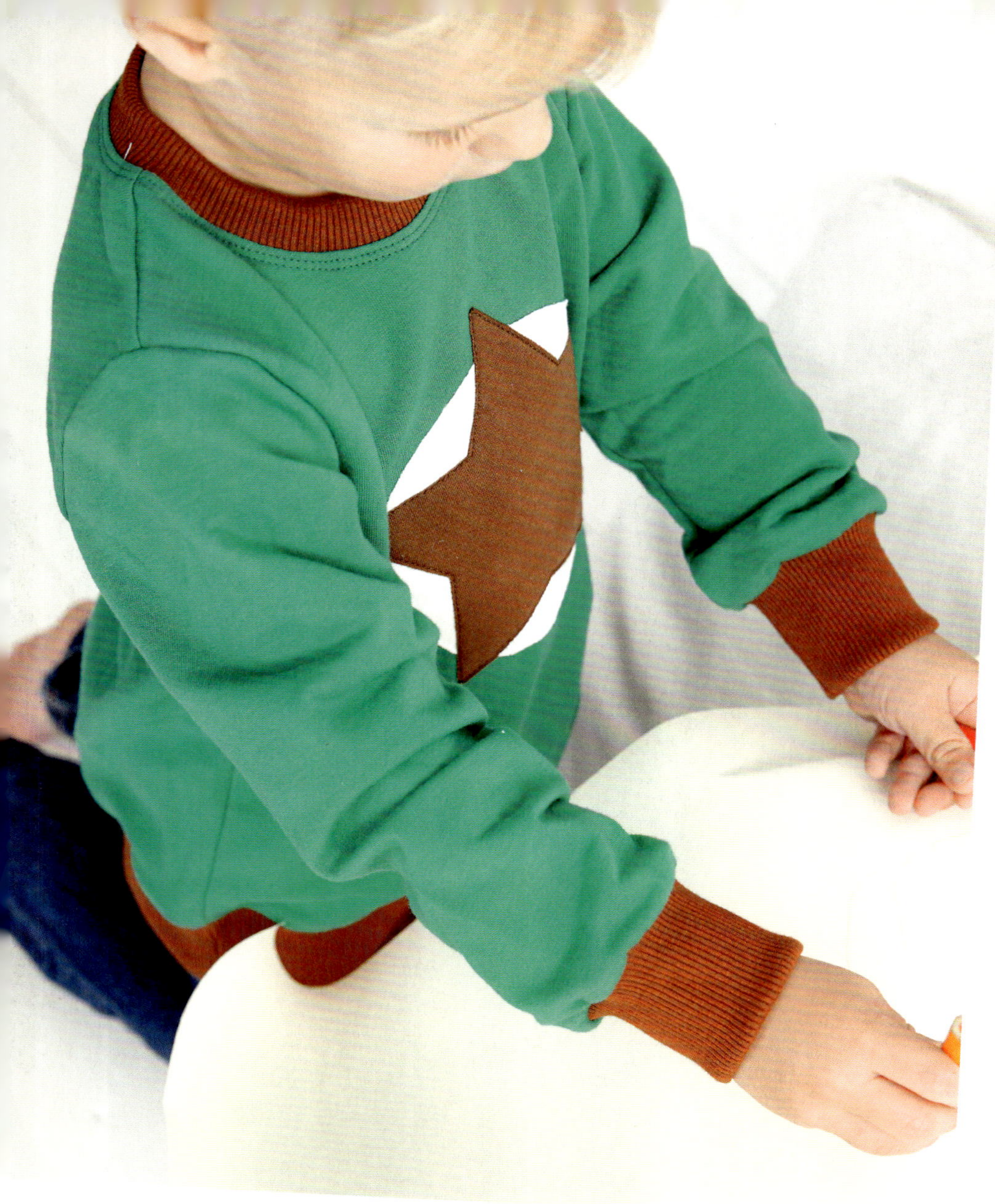

4 Die Ärmel der Länge nach r-a-r zusammenlegen und feststecken. Vorder- und Rückenteil an den Seitenkanten bündig legen und feststecken. Die Ärmelkanten und Seitennähte vom Ärmelsaum bis zur Körperunterkante in einem Zug schließen.

5 Hals, Ärmel- und Bauchbündchen r-a-r zum Ring nähen, der Länge nach l-a-l falten und laut Grundanleitung (Seite 91) einnähen. Die NZG vom Hals- und Bauchbündchen bei Bedarf in den Pullover steppen.

IM ZEBRALOOK

...Klassische Kapuzenjacke mit Reißverschluss

SCHWIERIGKEITSGRAD 3

GRÖSSE
98-116/122-134

MATERIAL

- Stoff 1 (Körper, Ärmel, Kapuze): Sweatshirtstoff in Schwarz/Weiß gestreift, 75/100 cm x 140 cm
- Stoff 2 (Futter Kapuze): Jerseystoff in Grau, 35 cm x 60 cm
- Stoff 3 (Bündchen): Bündchenware oder Stretchjersey in Grau, 30 x 65/75 cm
- Vlieseline G 700, 6 cm x Länge Vorderteil
- Teilbarer Reißverschluss in Grau: 98 = 37 cm, 104 = 39 cm, 110 = 40,5 cm, 116 = 42 cm, 122 = 44 cm, 128 = 45,5 cm, 134 = 47,5 cm
- Stylefix (schmales, doppelseitiges Klebeband zur Fixierung des Reißverschlusses)

SCHNITTMUSTERBOGEN 2B

NAHTZUGABEN
Alle Teile mit 1 cm NZG zuschneiden.

ZUSCHNITT
Hinweis:
Das Vorderteil nicht im Bruch, sondern mit NZG ringsherum zuschneiden.

Stoff 1:

- 1x Teil „Pullover Vorderteil" in doppelter Stofflage
- 1x Teil „Pullover Rückenteil" im Stoffbruch
- 1x Teil „Pullover Ärmel" in doppelter Stofflage
- 1x Teil „Pullover Kapuze" in doppelter Stofflage

Stoff 2:

- 1x Teil „Pullover Kapuze" in doppelter Stofflage

Stoff 3:

- 2x Teil „Pullover Ärmelbündchen"
- 1x Teil „Pullover Bauchbündchen" im Stoffbruch

Vlieseline:

- 2x Streifen, 3 cm x Länge Vorderteil

ANLEITUNG

1 Vlieseline an den Kanten der vorderen Mitte zur Verstärkung auf die linke Stoffseite der Vorderteile bügeln.

2 Die beiden Vorderteile r-a-r rechts und links an den Schulterkanten bündig auf das Rückenteil legen und die Schulternähte schließen. Ärmel r-a-r mit der Armkugel in die Armausschnitte einpassen, feststecken und einnähen.

3 Die Ärmel der Länge nach r-a-r zusammenlegen und feststecken. Vorder- und Rückenteil an den Seitenkanten bündig legen und feststecken. Die Ärmelkanten und Seitennähte vom Ärmelsaum bis zur Körperunterkante in einem Zug schließen.

4 Die zwei Teile der Außenkapuze r-a-r entlang der Scheitelnaht zusammennähen, mit der Futterkapuze ebenso verfahren. Futterkapuze wenden und r-a-r in die Außenkapuze stecken. Vorderkanten aufeinandernähen. Kapuze wenden und bügeln. Bei Bedarf die Vorderkante absteppen. Futter- und Außenkapuze mit großer Stichlänge innerhalb der NZG entlang der Unterkante heften.

5 Die Kapuze r-a-r in den Ausschnitt stecken, dabei in der hinteren Mitte beginnen. Die Kapuze endet eine NZG von der Vorderkante des Ausschnitts entfernt in der vorderen Mitte der Kapuzenjacke.

6 Die Ärmelbündchen laut Grundanleitung (siehe Seite 91) zum Ring nähen, der Länge nach l-a-l falten und einnähen. Das Bauchbündchen der Länge nach l-a-l falten und bügeln. Gleichmäßig gedehnt an die Jackenunterkante stecken und annähen, die NZG ggf. in die Jacke steppen.

7 Den Reißverschluss r-a-r mit Stylefix in der vorderen Mitte ankleben und feststecken oder von Hand heften. Die Oberkanten des Reißverschlusses dabei im 90°-Winkel zur Jackeninnenseite wegklappen. Den Reißverschluss mit Geradstich und Reißverschlussfüßchen oder der Nadel in der ganz linken Position einnähen, dabei am Ausschnitt direkt an der Kapuze beginnen.

8 Die NZG in die Vorderteile legen, bügeln und absteppen.

SCHWIERIGKEITSGRAD 2

GRÖSSE

98-116/122-134

MATERIAL

- Stoff 1 (Körper, Ärmel, Kapuze, Bauchtasche): Sweatshirtstoff in Rosa/Pink mit Sternen, 75/100 cm x 140 cm
- Stoff 2 (Futter Kapuze): Jerseystoff in Grau, 35 cm x 60 cm
- Stoff 3 (Bündchen): Bündchenware oder Stretchjersey in Grau, 30 x 65/75 cm
- Farblich passendes Nähgarn

SCHNITTMUSTERBOGEN 2B

LIEBLINGSSTÜCK

...Klassischer Kapuzenpullover mit Bauchtasche und Bündchen

NAHTZUGABEN

Alle Teile mit 1 cm NZG zuschneiden.

ZUSCHNITT

Stoff 1:

- 1x Teil „Pullover Vorderteil" im Stoffbruch
- 1x Teil „Pullover Rückenteil" im Stoffbruch
- 1x Teil „Pullover Ärmel" in doppelter Stofflage
- 1x Teil „Pullover Kapuze" in doppelter Stofflage
- 1x Teil „Pullover Bauchtasche" im Stoffbruch

Stoff 2:

- 1x Teil „Pullover Kapuze" in doppelter Stofflage

Stoff 3:

- 1x Teil „Pullover Bauchbündchen" im Stoffbruch
- 2x Teil „Pullover Ärmelbündchen"
- 2x Bündchen am Tascheneingriff, 5 cm x 15 cm
- 1x Kapuzenbündchen, 5 cm x 60 cm

ANLEITUNG

1. Bauchtasche mit Eingriffbündchen nach Grundanleitung (Seite 102) vorbereiten und auf das Vorderteil aufnähen.

2. Vorder- und Rückenteil r-a-r an den Schulterkanten bündig aufeinanderlegen und die Schulternähte schließen. Ärmel r-a-r mit der Oberkante in die Armausschnitte einpassen, feststecken und einnähen.

3. Die Ärmel der Länge nach r-a-r zusammenlegen und feststecken. Vorder- und Rückenteil an den Seitenkanten bündig legen und feststecken. Die Ärmelkanten und Seitennähte vom Ärmelsaum bis zur Körperunterkante in einem Zug schließen.

4. Die zwei Teile der Außenkapuze r-a-r entlang der Scheitelnaht zusammennähen. Mit der Futterkapuze ebenso verfahren. Das Kapuzenbündchen der Länge nach l-a-l falten. Leicht gedehnt r-a-r an die Vorderkante der Außenkapuze stecken und innerhalb der NZG mit großer Stichlänge heften. Futterkapuze wenden und r-a-r in die Außenkapuze stecken. Vorderkanten aufeinandernähen, das Bündchen dabei zwischenfassen. Kapuze wenden und bügeln. Bei Bedarf die NZG der Vorderkante in die Kapuze steppen. Futter- und Außenkapuze entlang der Unterkante mit großer Stichlänge innerhalb der NZG heften.

5. Die Kapuze r-a-r in den Ausschnitt stecken, dabei in der hinteren Mitte beginnen und die Kapuze in der vorderen Mitte auf Breite des Bündchens überlappen lassen. Kapuze ringsherum mit einem gut dehnbaren Stich einnähen.

6. Ärmel- und Bauchbündchen r-a-r zum Ring nähen, der Länge nach l-a-l falten und laut Grundanleitung (Seite 91) einnähen. Die NZG von Kapuze und Bauchbündchen bei Bedarf in den Pullover steppen.

ROCK'N'ROLL

...Jerseyrock mit breitem Bauchbündchen

ANLEITUNG

1 Die Oberkanten der Rockteile je nach Kleidergröße auf die in der untenstehenden Tabelle angegebene Breite raffen (siehe Seite 100).

2 Die Rockteile r-a-r an den Seitenkanten bündig aufeinanderlegen und die Seitenkanten schließen. Die Seitennähte aufeinanderlegen und die vordere und hintere Mitte markieren.

3 Das Bündchen r-a-r im Maschenlauf zur Mitte falten und zum Ring schließen. Der Länge nach l-a-l zusammenlegen und mit Stecknadeln in Viertel teilen.

4 Den Bündchenring mit der offenen Kante passgenau an die Rockoberkante stecken, dabei trifft die Naht auf die hintere Mitte oder eine Seitennaht. Das Bündchen gleichmäßig gedehnt einnähen.

5 Den Saum ggf. mit der Overlockmaschine versäubern, 3 cm nach innen einschlagen, bügeln und absteppen.

6 Nach Belieben für die Schleife den Stoffsstreifen der Länge nach l-a-l aufeinanderlegen und bügeln, wieder auffalten. Die Längskanten jeweils l-a-l zur eingebügelten Mitte falten und bügeln. Die Längskanten noch einmal der Länge nach aufeinanderlegen und knappkantig absteppen. Den Stoffstreifen nach Methode 1 der Grundanleitung (Seite 106) zur Schleife formen. Die Enden auf passender Länge nach hinten umklappen und von rechts knapp absteppen. Das Ende nahe der Naht zurückschneiden.

7 Die Schleife seitlich auf den Übergang von Bündchen und Rock mit Geradstich aufnähen. Zuletzt einen Knopf von Hand auf die Schleifenmitte nähen.

Kleidergröße	**98**	**104**	**110**	**116**	**122**	**128**	**134**
geraffte Breite in cm	30	31	32	33	34	35	36

TIPP: Schöne Akzente können Sie am Saum mit einer breiten Ziernaht setzen (z.B. mit einem Pseudo-Overlockstich, Wabenstich, Rückseite der Covernaht).

SCHWIERIGKEITSGRAD 2

GRÖSSE
98-116/122-134

MATERIAL

- Stoff 1 (Rockteil): Baumwolljersey in Blau gepunktet, 25/35 cm x 140 cm
- Stoff 2 (Bauchbündchen): Bündchenware in Pink, 20 cm x 70 cm
- Stoff 3 (Schleife): Baumwolljersey in Pink, 4 cm x 30 cm (nach Belieben)
- Knopf in Pink, ø 2-3 cm (nach Belieben)
- Farblich passendes Nähgarn

SCHNITTMUSTERBOGEN 2A

NAHTZUGABEN
Mit 1 cm NZG zuschneiden. Die Unterkante des Rocks mit einer Saumzugabe von 3 cm zuschneiden.

ZUSCHNITT

Stoff 1:

- 2x Teil „Rockteil" im Stoffbruch

Stoff 2:

- 1x Teil „Bauchbündchen Kinderhose" im Stoffbruch

Stoff 3:

- 1x Stoffstreifen, 4 cm x 30 cm

SCHWIERIGKEITSGRAD 2

GRÖSSE

98-116/122-134

MATERIAL

- Stoff 1 (Körper): Baumwolljersey in Rot/Rosa mit Sternen, 50/55 cm x 140 cm
- Stoff 2 (Rock): Baumwolljersey in Rot/Rosa gestreift, 25/35 cm x 140 cm
- Stoff 3 (Einfassung): Baumwolljersey in Rot/Rosa gestreift (im Maschenlauf geschnitten), 4 cm x 100 cm
- Farblich passendes Nähgarn

SCHNITTMUSTERBOGEN

2A + 2B

STARS & STRIPES

... Raglanshirt-Kleidchen

NAHTZUGABEN

Mit 1 cm NZG zuschneiden. Die einzufassenden Kanten am Vorder- und Rückenteil sowie am Ärmel-Halsausschnitt und an der Ärmel-Unterkante ohne NZG zuschneiden. Die Unterkante des Rocks erhält eine Saumzugabe von 3 cm.

ZUSCHNITT

Hinweis: Vorder- und Rückenteil an der Linie für Bauchbündchen kürzer schneiden.

Stoff 1:

- 1x Teil „Raglanshirt Vorderteil" im Stoffbruch
- 1x Teil „Raglanshirt Rückenteil" im Stoffbruch
- 1x Teil „Raglanshirt Ärmel" in doppelter Stofflage

Stoff 2:

- 2x Teil „Rockteil" im Stoffbruch

Stoff 3:

- 1x Einfassstreifen für Ausschnitt, 4 cm x Länge der Ausschnittweite
- 2x Einfassstreifen für Ärmelsäume, 4 cm x 30 cm

ANLEITUNG

1 Die Oberkanten der Rockteile auf die Breite der Shirt-Unterkante raffen (siehe Seite 100) und jeweils an das Vorder- und Rückenteil nähen.

2 Die Ärmel jeweils nacheinander r-a-r passend an das Vorderteil legen und die Raglannähte schließen. Einen Ärmel entlang der Raglannaht an das Rückenteil nähen, die zweite Seite bleibt zunächst offen.

3 Den Halsausschnitt und die Ärmelsäume laut Grundanleitung mit einer Einfassung (unten offene Einfassung, Seite 97) versehen.

4 Die Einfassung am Hals mit einigen Stichen aufeinanderheften, damit sie nicht verrutscht, und die zweite Raglannaht der Rückseite schließen. Die NZG der Ausschnitteinfassung in Richtung Rückenteil legen und auf Breite der Einfassung von rechts mit Geradstich absteppen.

5 Die Ärmel der Länge nach r-a-r zusammenlegen und die Seitenkanten feststecken. Vorder- und Rückenteil inklusive Rockteilen an den Seitenkanten bündig r-a-r legen und ebenfalls feststecken. Die Einfasskanten aufeinanderheften. Die Ärmelkanten und Seitennähte vom Ärmelsaum bis zur Rockunterkante in einem Zug schließen. Die NZG der Ärmeleinfassungen in Richtung Rückenteil steppen.

6 Den Rocksaum ggf. mit der Overlockmaschine versäubern, 3 cm nach innen einschlagen, bügeln und absteppen.

TIPP: Einfassungen aus Ringeljersey können bei einer guten Längselastizität des Stoffes mit dem Maschenlauf zugeschnitten werden. Die Ringel verlaufen so quer zur Einfassung, was besonders schön aussieht.

GRUNDANLEITUNG

JERSEY – WAS IST DAS?

Jersey, auch als T-Shirtstoff bekannt, ist ein Stoff, der nicht gewebt, sondern in Maschen gewirkt bzw. gestrickt wird – anders als die im Allgemeinen als Baumwollstoffe bekannten Webstoffe.

Jersey und andere Maschenwaren sind weich und dehnbar und bieten damit einen hohen Tragekomfort. Sie eignen sich bestens für Kinderkleidung, aber auch für bequeme Lieblingsstücke für Erwachsene.

In der Regel sind gestrickte Stoffe in der Breite dehnbar, Stretchjersey bis zu einem gewissen Maß auch in der Länge. Anders als bei Webstoffen spricht man bei Jersey nicht vom Fadenlauf, sondern vom Maschenlauf. Damit ist die Richtung gemeint, in der der Stoff gestrickt wurde. Der Maschenlauf verläuft parallel zur Seitenkante und ist beim korrekten Zuschnitt von großer Bedeutung, damit sich das fertige Kleidungsstück in der richtigen Richtung (senkrecht zum Maschenlauf) dehnen lässt.

Im Unterschied zu gewebten Stoffen müssen Jerseystoffe und andere Maschenwaren beim Nähen nicht versäubert werden. Die Kanten ribbeln nach dem Schneiden nicht auf und können daher unversäubert zusammengenäht werden.

Verschiedene Stoffarten

Je nach Stricktechnik und Maschenbild auf der Vorderseite (rechte Stoffseite) und auf der Stoffrückseite (linke Stoffseite) unterscheidet man zwischen verschiedenen Stoffarten. Die gängigsten davon sind:

1 **Singlejersey/Trikot** mit rechten Maschen auf der rechten Stoffseite und linkem Maschenbild auf der Stoffrückseite, oft als Stretchjersey mit Elasthananteil,

2 **Interlock** mit rechten Maschen auf beiden Seiten,

3 **Sweatshirtstoff**, ähnlich wie Singlejersey mit rechten Maschen auf der Vorderseite und Schlingen (3a) oder angerauter Oberfläche (3b) auf der linken Stoffseite,

4 **Nickystoff** mit weichem Flor und rechten Maschen auf der Rückseite,

5 **Stretchfrottee**, ähnlich wie Nicky, nur mit Schlaufen statt Flor,

6 **Fleece**, ein verfilztes Gestrick aus Polyester,

7 **Bündchenware**, also fein (7a) oder grob gerippter (7b) Strickstoff mit einem eher hohen Elasthananteil von 5 bis 10 % für Abschlüsse an Hals und Saum.

Jersey und **Interlock** bestehen meist aus Baumwollfasern, denen bisweilen beispielsweise Elasthan beigemischt ist, um ihre Dehnbarkeit und Formstabilität zu erhöhen (**Stretchjersey**, **Bündchenware**). Vor allem bei Damenbekleidung findet man auch häufig Jerseystoffe aus Viskose, synthetisch hergestellten Bambusfasern.

Nicky, **Sweat** und **Frottee** haben meist einen Polyesteranteil (oft 20 %), **Fleecestoffe** bestehen für gewöhnlich zu 100 % aus Polyester.

Neben der Materialzusammensetzung unterscheiden sich die Stoffe vor allem im Gewicht. Das Gewicht gibt Aufschluss über die Dicke des Stoffes, die wiederum dessen Einsatzgebiet bestimmt. So eignen sich schwerere Stoffe wie angerauter Sweat gut für Pullis, Hosen und Jacken, Stretchjersey hingegen ist für T-Shirts optimal.

2
1
6
3a
4
3b
5
7a
7b

JERSEY NÄHEN MIT DER NORMALEN NÄHMASCHINE

Jersey zu verarbeiten gelingt auch dem ungeübten Näher mit einer einfachen Haushaltsmaschine, wenn einige wichtige Dinge berücksichtigt werden.

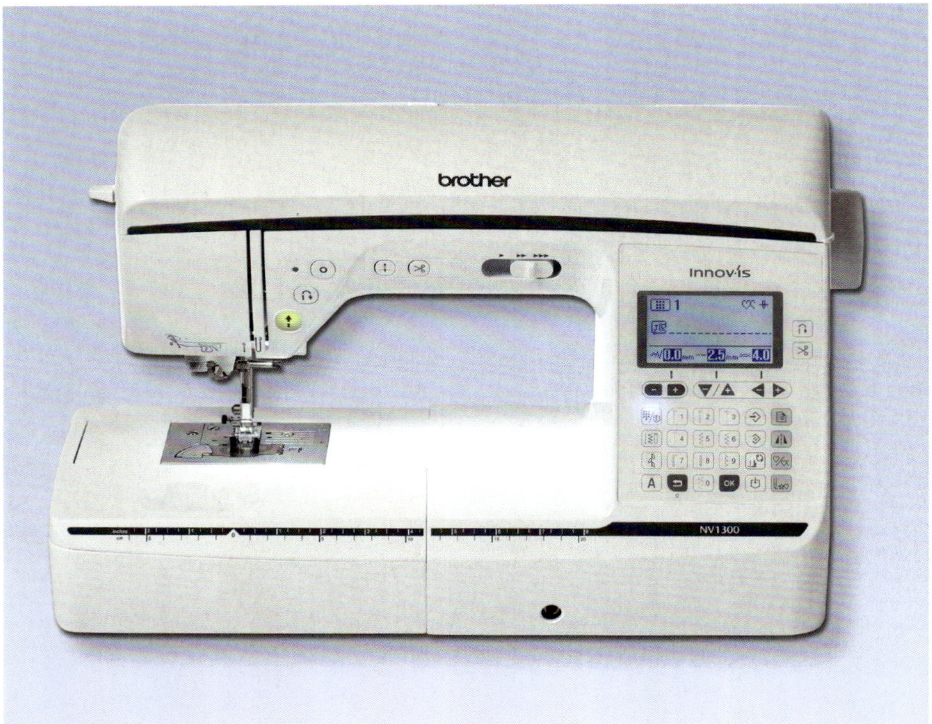

Die richtige Nadel

Zunächst sollte man für ein sauberes Stichbild unbedingt eine **Jerseynadel** mit 75-90er Stärke verwenden. Sie hat eine abgerundete Kugelspitze und sticht so zwischen den Maschen ein, dass sie nicht verletzt werden. Je nach Hersteller sind Nadeln mit runder Spitze im Handel auch unter der Bezeichnung **Stretchnadel** erhältlich.

Eine feine Jerseynadel mit maximal 80er Stärke vermindert zudem das „Fressen" von Stoff, bei dem der Jersey vor allem zu Nahtbeginn in das Loch der Stichplatte gedrückt und nach unten gezogen wird.

Der richtige Stich

Die Stichauswahl der Nähmaschine hängt stark vom Modell ab. Grundsätzlich gilt, dass die Stichauswahl mit steigendem Preis der Maschine größer wird. Doch über die Grundstiche Geradstich und Zickzackstich verfügt jede zeitgemäße Nähmaschine und diese beiden Stiche reichen prinzipiell auch aus.

Wichtig beim Nähen von Jerseystoffen ist die Elastizität der Naht – besonders da, wo der Stoff beim Anziehen oder Tragen stark gedehnt wird, zum Beispiel am Halsausschnitt oder an den Säumen.

Je nach Verfügbarkeit eignen sich folgende Stiche für verschiedene Einsatzgebiete:

Der **Geradstich** (1) ist beim Nähen von Jersey nicht so wichtig wie beim Verarbeiten von Webware. Denn Geradstichnähte sind nur wenig dehnbar. Trotzdem kann im Maschenlauf auch mit Geradstich genäht werden, beispielsweise beim Nähen von Bündchen zum Ring. Außerdem eignet sich der Geradstich für Steppnähte, die entweder wenig unter Spannung stehen (bei Applikationen, aufgesetzten Taschen) oder auf bereits gedehntem Stoff gearbeitet werden (bei Einfassungen).

Über einen **Zickzackstich** (2) verfügt nahezu jede Nähmaschine. Beim Zusammennähen sollte eine kurze Stichlänge gewählt werden, weil sich sonst aufgrund des Zickzackverlaufes des Stichs Lücken in der Naht bilden – umso mehr, je weiter die Einstichpunkte der Zickzacknaht auseinanderliegen. Gewünscht ist ein eher schmaler Zickzackstich mit Zacken, deren Spitzen 2 bis 3 mm Abstand zueinander haben. Grundsätzlich gilt dabei: Je flacher der Zickzackverlauf, desto weniger dehnbar ist die Naht.

Im mäßig spitzen Winkel ermöglicht der Zickzackstich dehnbare Säume oder Steppnähte, und besonders eng eingestellt werden mit ihm Rollsäume gearbeitet. Auch zum Applizieren ist dieser Stich sehr wichtig.

Vor allem zum Säumen und Absteppen von dehnbaren Stoffen eignet sich der **dreigeteilte Zickzackstich** (3). Diese Nähte bleiben besonders dehnbar und überstehen problemlos selbst eine weniger pflegliche Behandlung durch Kleinkinder. Kurz eingestellt, können mit diesem Stich Nähstücke auch zusammengenäht werden.

Der **Elastikstich** (4) verläuft in eher längsgerichteten Zacken – immer vor und zurück nebeneinander. Die Nähte sind schmal und elastisch und damit sowohl zum Zusammennähen als auch für Steppnähte gut geeignet.

Der **dreifache Geradstich** (5) hat eine geringe Elastizität und eine hohe Reißfestigkeit, eignet sich also besonders für Nähte, die große Belastungen aushalten müssen. Die Naht ist sehr dicht und bildet auch bei Zug keine Lücken. Mit dem dreifachen Geradstich lässt sich zudem sehr gut und haltbar Jersey applizieren.

Da durch Elastikstich und dreifachen Geradstich schmale Nähte entstehen, lassen sich die Nahtzugaben bei ihnen stark zurückschneiden. So werden bei Bündchen, Mützen und gedoppelt Genähtem besonders flache Nähte möglich, die weder drücken noch auftragen.

Pseudo-Overlockstiche (6 + 7) gibt es in verschiedenen Ausführungen. Sie nähen in einem Arbeitsgang zusammen und versäubern auch zugleich, dabei bleiben die Nähte elastisch. Das ähnelt der Arbeitsweise einer Overlockmaschine (siehe Seite 87).

Ein professionelles Aussehen bekommt Kleidung, wenn man beim Absteppen und Säumen zur **Zwil-**

lingsnadel (8) greift. Die Nadeln nähen mit 2 Oberfäden im Geradstich, während der Unterfaden auf der Rückseite im Zickzackstich verläuft. So entstehen zwei akkurat parallel verlaufende, dehnbare Nähte. Dabei sind oft Adaptionen der Fadenspannung nötig, da der Unterfaden wirklich im Zickzack verlaufen muss. Das lässt sich meist durch eine Erhöhung der Oberfadenspannung erreichen.

Häufige Probleme vermeiden

Beim Nähen von Jersey treten gelegentlich einige Schwierigkeiten auf, die sich jedoch mit ein paar kleinen Tricks leicht umgehen lassen.

Das häufigste Problem beim Verarbeiten von dehnbarer Maschenware ist, dass sich die **Nähte unschön wellen.** Vor allem beim Absteppen ist das häufig zu beobachten. Ursache dafür ist, dass der Stoff beim Nähen gedehnt wird. Deshalb ist es sehr wichtig, den Stoff nur vorsichtig unter der Maschine zu führen und auf keinen Fall zu ziehen. Besitzt die Maschine einen verstellbaren Nähfußdruck, sollte man ihn am besten stark reduzieren. So wird von oben weniger Druck auf den Stoff ausgeübt.

Auch ein zuverlässiger Transport ist essenziell. Ein **Obertransportfüßchen,** das es für die meisten handelsüblichen Maschinen als Zubehör gibt, kann dabei von großem Nutzen sein.

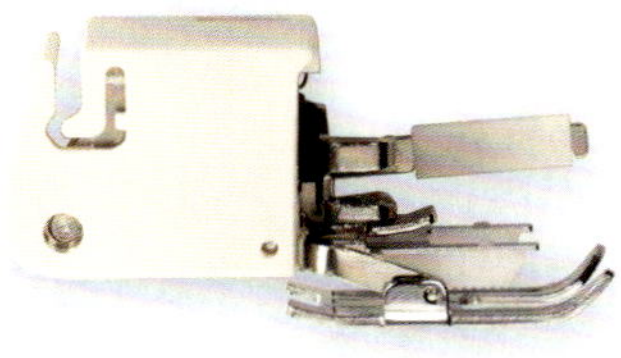

Alternativ hilft es, ein Stück **ausreißbares Stickvlies** zuunterst mitlaufen zu lassen. Der Transporteur der Maschine kann so besser greifen, der Stoff wird stabilisiert und vor dem Ausdehnen bewahrt. Das Vlies wird anschließend wieder entfernt. Ist kein Stickvlies zur Hand, hilft auch ein Stück **Küchenrolle.** Diese Hilfsmittel kommen auch bei Applikationen auf Jersey zum Einsatz.

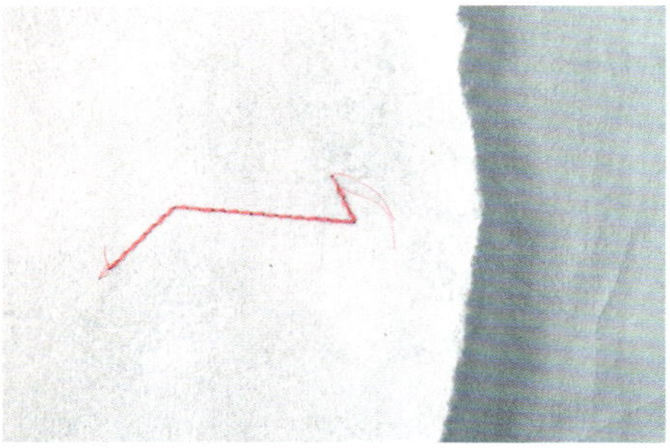

Am Nahtanfang kann es vorkommen, dass die Nadel (vor allem, wenn sie zu dick oder zu stumpf ist) den Stoff in das Loch der Stichplatte hineindrückt. Hier spricht man auch von **„Stofffressen"**. Um dieses Phänomen zu vermeiden, hält man Ober- und Unterfaden am Nahtbeginn fest und zieht sie ganz sanft nach hinten weg, sobald man zu nähen beginnt. So kann der Stoff nicht eingezogen werden, da ihn die Fäden oben halten und der Transport über die Öffnung unterstützt wird.

OVERLOCK & CO. – SPEZIELLE NÄHMASCHINEN

Besonders professionell werden die Nähergebnisse, wenn mit einer Overlockmaschine oder einer Coverlock gearbeitet wird. Beide Maschinen sind zwar nicht wirklich notwendig, doch die Anschaffung einer Overlock kann sich für begeisterte Hobbynäherinnen schon sehr schnell lohnen. Sie bedeutet eine enorme Arbeitserleichterung.

Overlockmaschinen

Mit der Overlockmaschine werden Kanten meist mit 4 Fäden – 2 Nadelfäden und 2 Greiferfäden – gleichzeitig zusammengenäht und versäubert. Das Messer der Overlock kann die Kante dabei nach Bedarf während des Nähens zusätzlich auf die richtige Breite zurückschneiden.

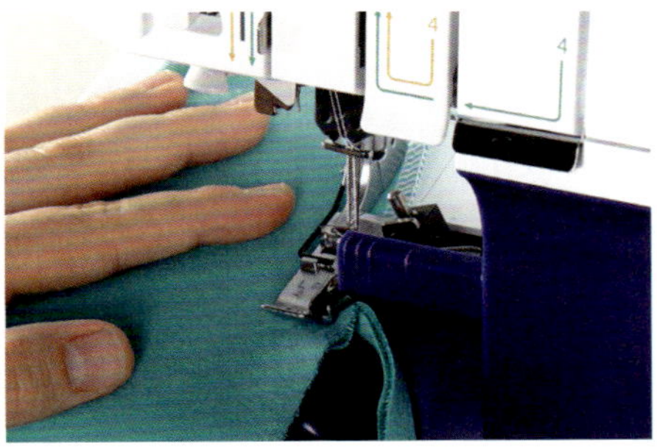

Overlocknähte sind nicht nur ausgesprochen dehn- und belastbar, eine Overlock näht auch wesentlich schneller als eine Haushaltsnähmaschine. Außerdem sind viele Overlockmaschinen mit einem Differenzialtransport ausgestattet, der feine und dehnbare Stoffe besonders gleichmäßig transportiert.

Neben der 4-fädigen Overlocknaht sind auch 3-fädige mit nur 1 Nadelfaden üblich. Diese Nähte werden schmaler und eignen sich gut für Mützen, Unterwäsche und Bademode, also überall dort, wo Nähte möglichst wenig auftragen sollen und nicht besonders großer Belastung ausgesetzt sind.

Covermaschinen

Noch spezieller ist eine Covermaschine, die nur bei Säumen und Ziernähten zum Einsatz kommt. Auf der Oberseite nähen 1 bis 3 Nadeln im Geradstich, während der Greiferfaden sich breit dazwischen aufspannt. Das Ergebnis ähnelt dem einer Zwillingsnadel, ist jedoch meist dehn- und haltbarer. Die Rückseite der Covernaht wird häufig als Ziernaht verwendet.

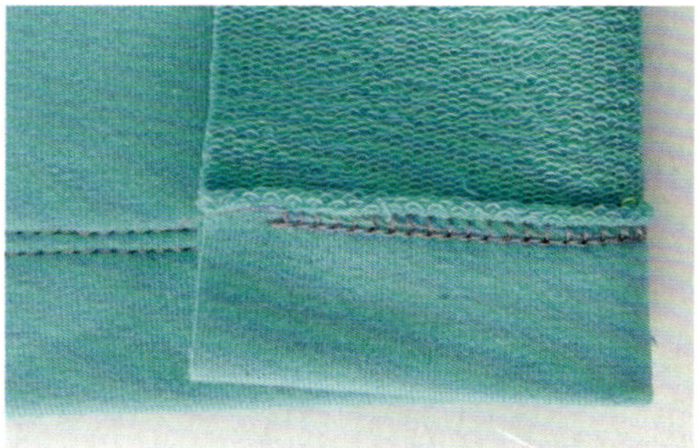

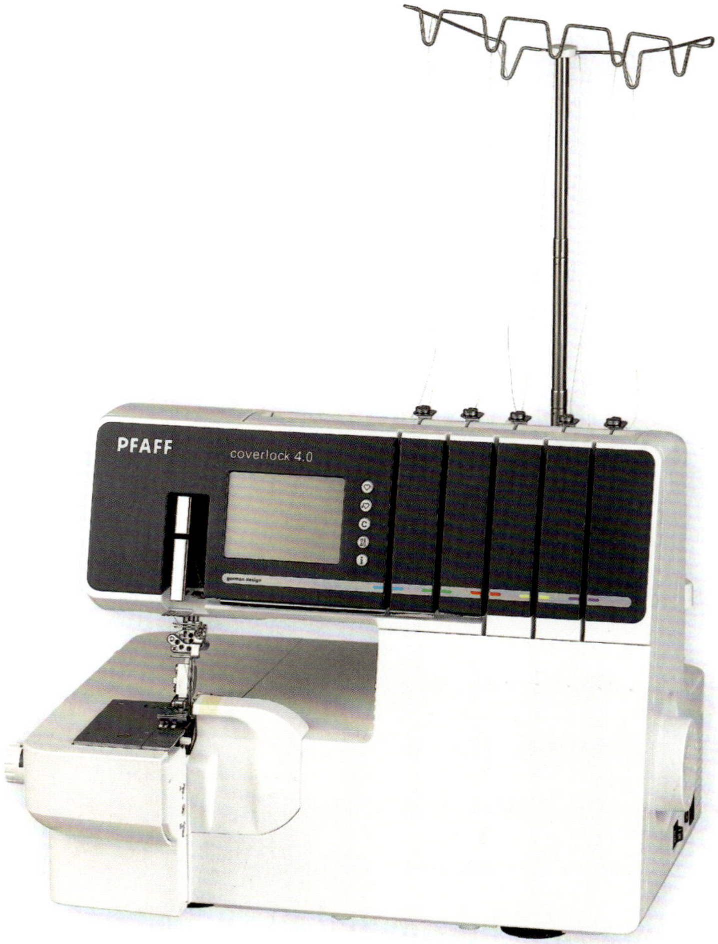

In der Industrie benutzt man zusätzlich spezielle **Flatlockmaschinen**, deren Nähte oben wie unten der Rückseite einer Covernaht ähneln. Solche Maschinen sind für den Hausgebrauch jedoch nicht üblich. Sie nähen Einzelteile aus dehnbaren Stoffen Stoß auf Stoß aneinander. Diese Nähte sind besonders flach und werden gerne für Sportbekleidung verwendet.

Einige wenige Kombimaschinen aus Cover- und Overlock haben einen Top-Bottom-Stich, der optisch dem Flatlockstich spezifischer Maschinen ähnelt. Viele Overlockmaschinen haben eine Flatlockfunktion, bei der die Kanten zunächst auf die übliche Weise aufeinandergenäht und anschließend auseinandergezogen werden, sodass sie im Endergebnis aneinanderstoßen. Diese Technik spielt im Alltag zwar keine wichtige Rolle, kann jedoch beispielsweise als modische Ziernaht am Saum eingesetzt werden.

KLEIDUNG NÄHEN – GRUNDLAGEN

Schnittmuster

Die Schnittmuster der Anleitungen in diesem Buch befinden sich auf den beiliegenden Schnittmusterbögen. Bevor man sie benutzen kann, müssen sie mithilfe von Schnittmusterpapier oder Folie übertragen werden. Dafür gibt es spezielles Papier im Fachhandel, oder – als günstige Alternative – Baufolie aus dem Baumarkt. Das Papier oder die Folie wird auf den Schnittmusterbogen gelegt, das Schnittmuster in der gewünschten Größe mit einem (Folien-)Stift abgepaust und anschließend ausgeschnitten.

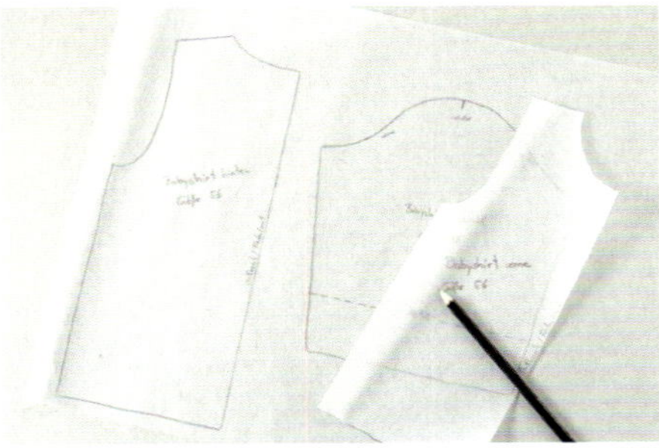

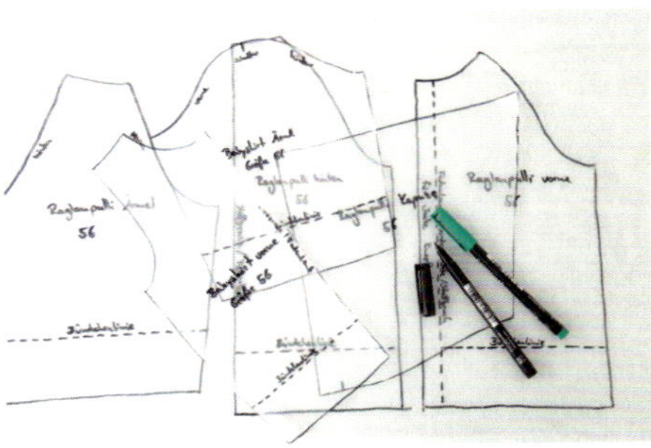

Alle Schnittmuster sind, falls nicht ausdrücklich anders angegeben, ohne Nahtzugabe, d.h. die Naht verläuft jeweils entlang der Außenlinie der Schnittmuster. Um Schnittteile jedoch überhaupt zusammennähen zu können, braucht man eine sogenannte **Nahtzugabe**, also etwas zusätzlichen Stoff außerhalb der Nahtlinie. Die Breite der Nahtzugabe hat auf die Passform keinen Einfluss, da es sich um Stoff abseits der Naht handelt.

Für die meisten Zwecke hat sich eine Nahtzugabe von 0,5 bis 1,5 cm bewährt, prinzipiell bleibt die Breite aber dem individuellen Geschmack überlassen. Meist geht man von einer Nahtzugabe von 1 cm aus.

Beim Nähen mit der Overlock sollte die Nahtzugabe entsprechend der Stichbreite gewählt oder überschüssige Breite beim Nähen abgeschnitten werden.

Bei allen Anleitungen in diesem Buch ist angegeben, welche Schnittteile für ein Modell benötigt werden. Diese wählt man auf dem Bogen aus, paust sie ab und schneidet sie mit der Papierschere aus. Dabei darf man nicht vergessen, auch alle Markierungen mit zu übertragen und die Papierteile zu beschriften.

Die meisten Kleidungsstücke können an Ärmeln, Beinen und Bund mit oder ohne Bündchen genäht werden. Wird ein Bündchen angesetzt, muss das Schnittmusterteil jeweils entlang der Bündchenlinien (= eingerückte Linien im passenden Strichmuster) gekürzt werden, um nach dem Annähen der Bündchen wieder die richtige Länge zu haben.

Zuschnitt

Das ausgeschnittene Schnittmuster auf die linke Stoffseite auflegen und aufzeichnen.

Die Nahtzugabe kann direkt beim Abpausen um das Schnittmuster herum auf dem Papier oder der Folie angezeichnet oder erst beim Zuschneiden des Stoffes hinzugefügt werden.

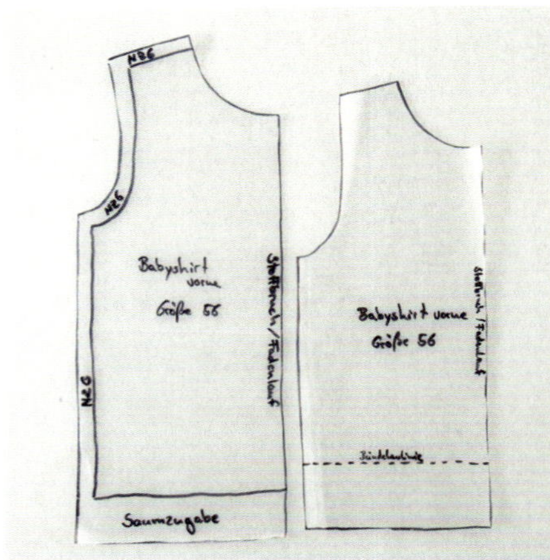

Beim Zuschneiden von Jersey und anderer Maschenware ist es sehr wichtig, den **Maschenlauf/Fadenlauf** zu beachten. Dieser ist im Schnittmuster mit einem Pfeil angegeben und muss beim Auflegen auf den Stoff stets parallel zur Seitenkante verlaufen, also entlang der feinen Längsrippen auf der rechten Stoffseite. Quer zum Maschenlauf sind Jersey und andere Maschenware nämlich am dehnbarsten.

Symmetrische Teile, z.B. Vorder- und Rückenteil, werden **im Stoffbruch** zugeschnitten. Dazu den Stoff entlang des Maschenlaufes rechts auf rechts falten (dabei eventuelle Musterverläufe beachten) und das Schnittmuster mit der als „Stoffbruch" bezeichneten Linie entlang der Faltlinie anlegen.

Ärmel, Hosenbeine und Kapuzen werden gewöhnlich **in doppelter Stofflage** zugeschnitten. Dafür zunächst den Stoff rechts auf rechts aufeinanderlegen und im Anschluss das Schnittmuster auf dem Stoff platzieren. Danach beide Lagen zusammen zuschneiden. So erhält man zwei gegengleiche Teile, also eine rechte und eine linke Seite.

Jerseystoffe rollen sich häufig an den Schnittkanten ein. Befestigt man die Schnittmuster sorgfältig mit Stecknadeln auf dem Stoff, erleichtert das das Zuschneiden. Bügeln und Sprühstärke mindert dieses Phänomen ebenfalls etwas.

Nützliche Helfer

Maschenware lässt sich besonders bequem mit **Schneidematte** und **Rollschneider** zuschneiden, da der Stoff dabei nicht angehoben und bewegt werden muss und sich infolgedessen weniger leicht verzieht: Die Schnittmuster dann auf dem Stoff mit Gewichten beschweren und mit dem Rollschneider umfahren. Ein Abstandhalter hilft dabei, eine gleichmäßige Nahtzugabe bequem einzuhalten. Er ist als Zubehör im Handel erhältlich.

Zum Zuschneiden von Bündchen- und Einfassstreifen erweist sich ein **Quiltlineal** als wertvolles Hilfsmittel. Streifen von bestimmter Breite können so einfach und durch vorheriges Falten des Stoffes auch auf voller Stoffbreite zugeschnitten werden.

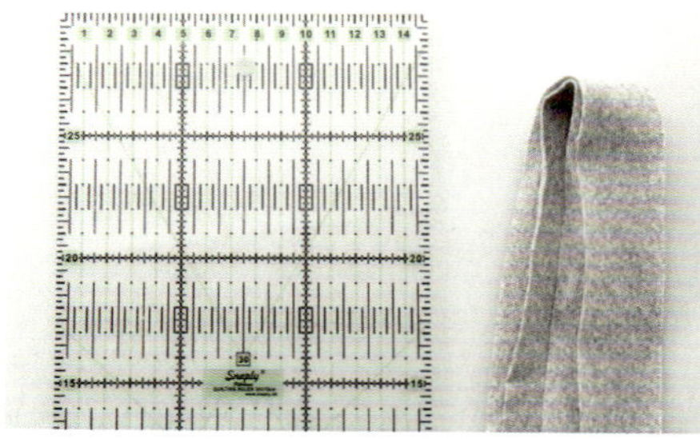

Bündchen nähen

Auch die Bündchen finden sich in diesem Buch als Schnittteile auf dem Schnittmusterbogen. Sie werden unter Zugabe von Nahtzugabe und unter Beachtung des Maschenlaufs zugeschnitten. Vor allem Letzteres ist für die Dehnbarkeit besonders wichtig.

Wird statt zu säumen oder ein Gummi einzunähen mit Bündchen genäht, werden die entsprechenden Schnittteile von Ärmeln, Bein und Bund entsprechend der Bündchenlinien (eingerückt, im passenden Größenmuster) kürzer zugeschnitten.

Alle Bündchen werden zunächst zum Ring genäht. Dafür die kurzen Seiten rechts auf rechts aufeinanderlegen und mit (dreifachem) Geradstich, Elastikstich, einem Pseudo-Overlockstich oder der Overlockmaschine zusammennähen.

Wird ein schmaler Stich eingesetzt, kann die Nahtzugabe anschließend auf ca. 3 mm zurückgeschnitten und auseinandergefaltet bzw. -gebügelt werden.

Nun die Bündchen links auf links falten bzw. umstülpen. Sie sind jetzt nur noch halb so hoch wie vorher, die rechte Stoffseite liegt außen.

Um die Bündchen gleichmäßig gedehnt einzunähen, Arm- und Beinbündchen mit Stecknadeln in zwei Hälften einteilen, Halsbündchen vierteln. Die Ausschnitte analog dazu einteilen. Anschließend die Bündchen mit den Markierungsnadeln aufeinandertreffend in die Ausschnitte stecken und mit einem dehnbaren Stich annähen.

Damit eine gleichmäßige Dehnung gelingt, jeweils nur die Strecke zwischen zwei Nadeln dehnen und nähen. Dann erst die nächste Stecknadel entfernen, den nächsten Abschnitt dehnen und zusammennähen. Dabei unbedingt immer ausschließlich das Bündchen dehnen, und nicht den Stoff des Kleidungsstückes.

Am besten näht man innen auf dem Bündchen, die Nadelstange fungiert dabei als Freiarm. So gelingt auch das Annähen kleiner Bündchen problemlos.

Anschließend die Nahtzugaben in das Kleidungsstück legen und mit einem dehnbaren Stich steppen, beispielsweise mit einem Zickzack-, Elastik- oder dreifachen Geradstich. Auch dehnbare Ziersticke, wie z.B. der Wabenstich, eignen sich hierfür prima. Da sich diese Nähte allerdings besonders gerne wellen, sollte man – ist die Problematik bekannt – darauf verzichten oder durch reduzierten Nähfußdruck oder Obertransportfuß entgegenwirken.

Säumen

Da Kleidungsstücke aus Jersey dehnbar sind, müssen auch ihre Säume dieser Dehnung standhalten. Jersey ribbelt nicht auf und muss deshalb prinzipiell nicht gesäumt werden. Modische Akzente lassen sich zum Beispiel auch mit einer Overlocknaht als Abschluss setzen. Trotzdem wird Jerseykleidung normalerweise mit einem einfachen Umschlag gesäumt oder mit einem Rollsaum oder dessen Variation, dem Wellensaum, versehen. Wer eine Covermaschine besitzt, benutzt diese.

Klassischer Saum

Ein 2 bis 3 cm breiter, einfacher Umschlag nach innen ist der klassische Saum bei Jerseystoffen. Er wird beim Ausschneiden als Saumzugabe zum Schnittmuster hinzugefügt.

Dafür nach dem Zusammennähen die Saumzugabe nach innen umschlagen, gut bügeln und feststeppen.

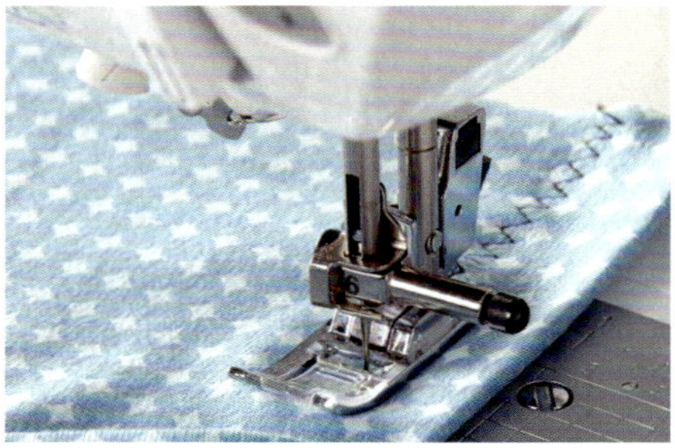

Mit einer **Overlockmaschine** kann die Unterkante vor dem Umschlagen versäubert werden. Das verleiht der Kante mehr Stabilität, verhindert ein Einrollen und erleichtert das Säumen. Gerundete Kanten an Kleidern und Röcken können durch ein leicht gesteigertes Differenzial beim Versäubern mit der Overlockmaschine leicht eingehalten (also leicht gerafft) werden und lassen sich anschließend leichter umschlagen.

Zwar ist Bügeln bei den meisten Näherinnen unbeliebt, beim Säumen jedoch unerlässlich.

Säume sollten stets mit einem **elastischen Stich** genäht werden. Bei einer normalen Nähmaschine sind dafür Zickzackstiche ideal, insbesondere der dreigeteilte Zickzackstich oder aber die Zwillingsnadel. Einen schönen Effekt erzielen auch breite Ziersticheh, wie zum Beispiel der Wabenstich.

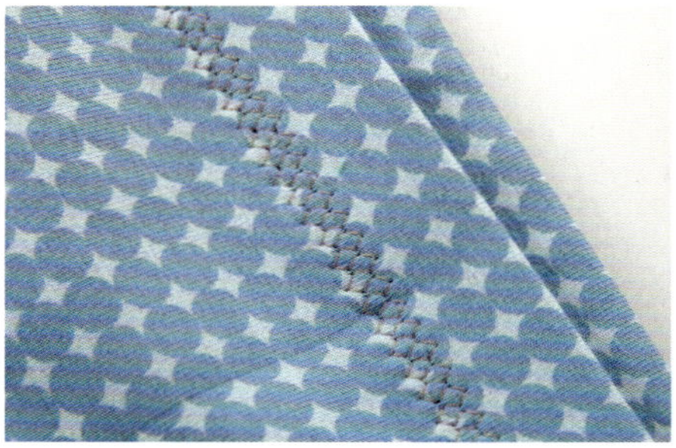

Näht man **von der rechten Stoffseite aus**, wird die Naht sauberer. Für einen gleichmäßigen Abstand zur Kante orientiert man sich an den Führungslinien der Nadelplatte. Alternativ kann man ein farbiges Klebeband aufkleben, um den Saum mit einer eigenen Markierung zu führen. Farblich zum Stoff passendes Garn verzeiht kleine Ungenauigkeiten, Kontrastgarn erzielt tolle Effekte.

Natürlich kann man auch **von links** entlang der Oberkante des Umschlags nähen. Dazu sollte man allerdings unbedingt einen oben und unten identischen Stich (Zickzackstich) einsetzen.

Gummizugbund

Es gibt verschiedene Möglichkeiten, den Bauchbund oder die Beinabschlüsse mit Gummizugbünden zu versehen. Vor allem für größere Kinder ist das eine schöne Alternative zu Bündchen. Gummiband im Bauchbund sorgt für einen besseren Sitz und kann ein Bündchen am Bauch auch ergänzen.

Eingenähtes Gummi

Diese Technik ist sehr einfach und eignet sich vor allem für schlichte Hosen ohne Fronttaschen, wie beispielsweise für Leggings oder Jogginghosen. Auch coole Bein- oder Ärmelabschlüsse lassen sich auf diese Weise arbeiten.

Man braucht dazu ein 2 bis 3 cm breites, weiches Gummiband mit einer Länge von rund 80% des Bauchumfangs bzw. des Umfangs des Hosenbeins/Ärmels plus einer Zugabe von 1 cm pro Seite.

Der jeweilige Saum wird mit einer Saumzugabe zugeschnitten, die der Breite des verwendeten Gummibandes entspricht.

Das Gummiband zunächst 2 cm breit überlappend zum Ring legen und mit Gerad- oder Zickzackstich zusammennähen. Den Ring bündig zum Rand auf die linke Stoffseite des Bundes stecken und entlang der Kante mit einem breiten Stich (Zickzack-, Pseudo-Overlockstich, Overlock mit arretiertem Messer) aufnähen.

Das Gummi so zur Innenseite einschlagen, dass der Stoff straff um das Gummiband herum liegt und die angenähte Gummibandseite die Unterkante bildet. Nun das Gummi auf Bundweite dehnen und die obere Seite knappkantig feststeppen. Dabei kann ein beliebiger Stich gewählt werden. Da auf dem gedehnten Gummi genäht wird, enthält die Naht in jedem Fall eine Reserve für die Dehnung.

Gummi im Tunnel

Eine zweite Möglichkeit für einen Gummizug ist, das Kleidungsstück mit Tunnel am Bund zu arbeiten und das Gummiband erst anschließend einzuziehen. Diese Technik eignet sich vor allem bei schmalen Gummibändern (0,5 bis 1 cm Breite), wie etwa an Bein- oder Ärmelsäumen.

Die Kante des Saumes nach Belieben mit der Overlockmaschine versäubern, 0,5 bis 1 cm breiter als das verwendete Gummiband umschlagen und bügeln. Anschließend den Umschlag ringsherum knappkantig festnähen, dabei eine 2 bis 3 cm lange Öffnung lassen.

Das Gummiband mithilfe einer Stopf- oder Sicherheitsnadel durch den Tunnel ziehen. Den Bund durch das Gummi auf die gewünschte Weite raffen und die Gummienden mit Geradstich zusammennähen. Das geschlossene Gummi durch die Öffnung in den Tunnel stecken und den Tunnel schließen. Dabei die Steppnaht des Tunnels 2 cm pro Seite überlappend vervollständigen.

Angesetzter Gummibund

Vor allem bei Hosen mit Fronttaschen ist ein angesetzter Bund sinnvoll. Hier wird ein Streifen Hosenstoff auf Weite des Hosenbundes zugeschnitten (bei der Verwendung von Bündchenstoff auf 80 % der Weite). Der links auf links gefaltete Streifen sollte so hoch wie das Gummiband plus 1,5 cm Nahtzugabe und etwas Spielraum sein.

Für ein 3 cm breites Gummi beispielsweise einen 9 cm hohen Streifen zuschneiden, zu einem Ring schließen, links auf links auf 4,5 cm Höhe falten und bügeln (siehe auch „Bündchen nähen", Seite 91).

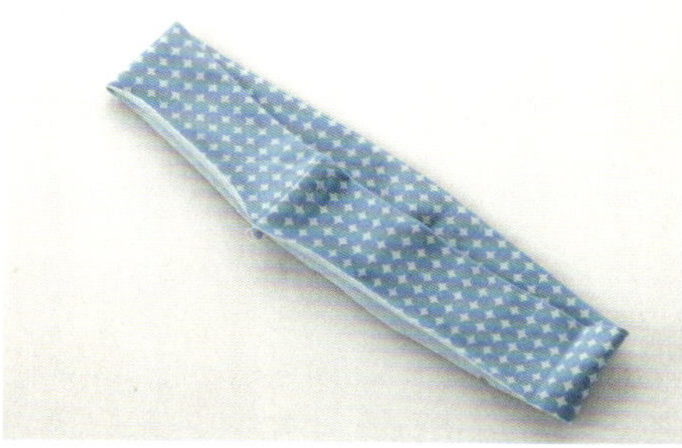

Danach das Gummiband mit einer Länge von 80 % des Bauchumfangs bzw. des Hosenbundes zum Ring nähen und in den gefalteten Bund zwischen die linken Stoffseiten legen.

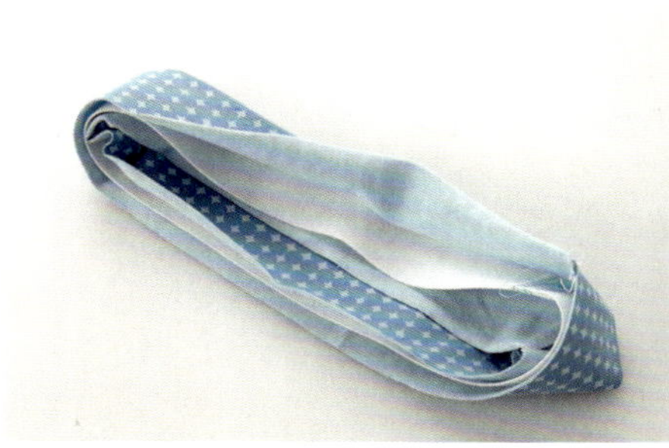

Gummi- und Hosenbund jeweils mit Stecknadeln in vier Abschnitte einteilen und den Ring gleichmäßig gedehnt annähen. Damit sich das Gummi im Stofftunnel nicht verdreht, den Bund im gedehnten Zustand noch einoder zweimal ringsherum mit Geradstich steppen.

Abschließend kann die Nahtzugabe wie beim Bündchen in die Hose gelegt und von rechts abgesteppt werden.

Einfassen

Um die Kanten eines aus Jersey gefertigten Kleidungsstückes abzuschließen, gibt es neben dem einfachen Säumen noch die Möglichkeit, die Kante mit einem Streifen aus Bündchenware oder Stretchjersey zu versehen. Das sogenannte Einfassen gelingt ebenfalls mit Falzgummi, Schrägband aus Webware ist hingegen weniger geeignet.

In diesem Buch kommen oft Kantenabschlüsse aus Jersey- bzw. Bündchenstreifen zum Einsatz. Sie werden quer zum Maschenlauf zugeschnitten und haben eine nach fertiger Breite und verwendeter Nahtzugabe definierte Höhe, die meistens ca. 4 cm beträgt.

Die Streifen können entweder links auf links gefaltet und angenäht oder auf unterschiedliche Weise (unten offen oder geschlossen) um die Kante herumgelegt und anschließend abgesteppt werden. Dabei ist die Falttechnik technisch einfacher, während die um die Kanten gelegte Methode etwas eleganter wirkt. Bei beiden Verfahren müssen ein paar Grundsätze beachtet werden, und es braucht ein wenig Übung, um schöne und professionelle Ergebnisse zu erzielen.

Das richtige Material

Als Material für Kantenabschlüsse sollte man stets Stoff mit einem Elasthananteil von mindestens 5 % wählen, also **Stretchjerseys oder handelsübliche Bündchenstoffe.** Die damit garantierte Elastizität sorgt dafür, dass die Kanten des Kleidungsstückes auch in Rundungen gut anliegen, sofern man die Streifen beim Nähen unterschiedlich stark dehnt.

Bei Bündchenstoffen unterscheidet man zwischen Rippbündchen und Feinstrickbündchen. Beide sind in unterschiedlichen Qualitäten erhältlich: von ganz weich und dehnbar bis relativ steif und stabil.

Für die Faltmethode eignen sich fast alle Bündchenstoffe, für Einfassungen hingegen sind eher dünne Feinstrickbündchen oder Stretchjerseys optimal.

Die richtige Naht

Zum Annähen und Absteppen der Streifen kann man einen normalen, nicht zu kurz eingestellten **Geradstich** (Länge 2,5-3) verwenden. Das klingt zunächst ungewöhnlich, erklärt sich aber aus der Tatsache, dass die Nähte überall da, wo sie später elastisch sein müssen, auf bereits gedehntem Material gearbeitet werden. Die Naht zieht sich anschließend mitsamt dem gedehnten Streifen zusammen und enthält sozusagen schon eine Dehnungsreserve in sich.

Außerdem kommen zum Annähen **Overlock- oder Pseudo-Overlockstiche** infrage, sowie der schmale Zickzackstich, Elastikstich oder dreifacher Geradstich. Fürs Absteppen gut geeignet sind geteilte und ungeteilte **Zickzackstiche, die Zwillingsnaht, elastische Zierstiche** und natürlich die Covermaschine, sofern vorhanden. Das Absteppen mit Zickzackstichen hat dabei nicht nur den Vorteil, die volle Dehnbarkeit der Nähte zu erhalten, sondern steigert auch noch die Trefferquote und liefert gerade Anfängern meist ein saubereres Nähergebnis.

Beim Absteppen ist eine Anpassung des Nähfußdrucks ratsam. Ein niedriger Nähfußdruck reduziert effektiv das unerwünschte Wellen bei Steppnähten oder weichen Rippbündchen. Verfügt die Maschine nicht über einen regulierbaren Nähfußdruck, kann das Unterlegen von (Stick-) Vlies (alternativ von haushaltsüblicher Küchenrolle) oder der Einsatz eines Obertransportfußes eine Alternative sein.

Die richtige Dehnung

Sowohl beim Einfassen als auch bei der Faltmethode ist die richtige Dehnung des Streifens beim Annähen von großer Bedeutung. Sie sorgt für einen guten Sitz und eine schöne Optik. Bevor man sich für viel, wenig oder keine Dehnung entscheidet, muss man sich vorher überlegen, wie sich die fertige Kante verhalten soll.

Gerade Kanten werden meist mit ungedehnten Abschlüssen versehen, damit sie am fertigen Kleidungsstück flach und gerade liegen. Eine Ausnahme bilden hier die **Ärmelsäume.** Durch Dehnen liegen hier die Kanten genau wie Bündchen näher am Arm. Das sorgt für eine bessere Passform und wächst länger mit.

Runde Kanten erfordern je nach Form mehr oder weniger Dehnung. Hier soll das Kleidungsstück anliegen, ohne dass die Kanten ungewollt einklappen oder abstehen. Dafür wird der Streifen bei **Innenrundungen** (z.B. beim Halsausschnitt) gedehnt angenäht. Bei **Außenrundungen** (z.B. bei der Schulterpartie des Body-Ausschnitts) wird der Streifen ungedehnt fixiert.

Der Zuschnitt

Die Streifen sollen der Länge nach dehnbar sein und werden daher quer zum Maschenlauf zugeschnitten. Ihre Höhe ergibt sich aus der gewählten Technik, aus der Breite des fertigen Kantenabschlusses und aus der verwendeten Nahtzugabe, wobei sich die beiden letzten Werte bei Einfassungen annähernd entsprechen.

Die fertige Breite und die Nahtzugabe sollen in den folgenden Rechenbeispielen jeweils 1 cm breit sein:
Für die **Faltmethode** ergibt das eine Streifenhöhe von 4 cm nach der Formel 2x fertige Breite + 2x Nahtzugabe.
Für **unten offene Einfassungen** errechnet sich eine Höhe von 3,5 bis 4 cm nach der Formel 3x Nahtzugabe/fertige Breite + 0,5 bis 1 cm Sicherheitszugabe (zum Abschneiden).
Unten geschlossene Einfassungen benötigen Streifen mit einer Höhe von 4 cm, ermittelt nach der Formel 4x Nahtzugabe/fertige Breite.

Beim Zuschneiden des Kleidungsstückes erhalten alle Kanten, die anschließend eingefasst oder mit gefaltetem Bündchen versehen werden, keine Nahtzugabe. Die Außenkante des fertigen Kleidungsstückes ist also deckungsgleich mit der Schnittkante.

Kantenabschluss mit gefaltetem Bündchenstreifen

Zunächst ein oder mehrere Streifen in einer Gesamtlänge entsprechend der Länge der einzufassenden Kante und einer nach der Formel 2x fertige Breite + 2x Nahtzugabe ermittelten Höhe zuschneiden: Bei einer fertiger Breite von 1 cm und einer Nahtzugabe von 1 cm macht das eine Höhe von 4 cm.

Den Streifen der Länge nach links auf links falten. Dies ergibt einen gedoppelten Streifen von 2 cm Höhe.

Den doppelten Bündchenstreifen mit der offenen Kante entlang der Stoffkante auf der rechten Seite des Kleindungsstücks anlegen und entsprechend der Regeln zu geraden und gebogenen Kanten (siehe oben) mehr oder weniger gedehnt feststecken und annähen.

Zum Annähen am besten die Overlock oder einen Pseudo-Overlockstich verwenden, die die dreifache Nahtzugabe sauber zusammenfassen. Bei einem schmalen Stich können die Kanten anschließend mit einer Zickzacknaht zusammengefasst werden.

Anschließend die Nahtzugabe in das Kleidungsstück legen und die Naht bügeln. Bei Bedarf von rechts mit einem geeigneten Stich (Geradstich, Zickzack, Zierstich) absteppen.

Einfassung mit offener Unterseite

Bei der Einfassung mit offener Unterseite kommen Streifen mit einer Höhe von 3,5 bis 4 cm zum Einsatz, errechnet nach der Formel 3x Nahtzugabe/fertige Breite + 0,5 bis 1 cm Sicherheitszugabe (zum Abschneiden). Die fertige Breite und die Nahtzugabe entsprechen einander und werden hier als 1 cm angenommen. Diese Technik eignet sich gut für Bündchenstoffe und Stretchjersey.

Den Streifen rechts auf rechts unter Einhaltung der Nahtzugabe entlang der Kante annähen, dabei die richtige Dehnung beachten. Der Streifen liegt beim Annähen mit voller Breite auf der rechten Stoffseite des Kleidungsstücks.

Den Streifen straff um die Kante nach links umschlagen. Auf der Rückseite überragt er jetzt die erste Naht um den Betrag der Sicherheitszugabe.

Nun die Einfassung von der rechten Seite aus knappkantig mit einem geeigneten Stich (z.B. Gerad- oder Zickzackstich, Zwillingsnadel) absteppen und dabei den Umschlag fixieren, der sich auf der linken Stoffseite befindet.

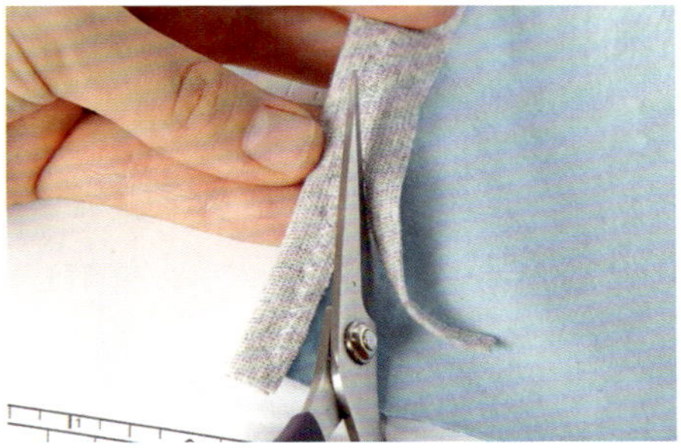

Danach den Umschlag vorsichtig entlang der Naht auf der Rückseite zurückschneiden.

Einfassung mit geschlossener Unterseite

Die Einfassung mit geschlossener Unterseite wird doppelt gefaltet und ist somit auf Vorder- und Rückseite gleichermaßen sauber verarbeitet. Sie eignet sich für wendbare Kleidungsstücke. Da die Einfassung 4-fach liegt, plus die Stofflagen dazwischen, sind für diese

Methode nur dünnere Bündchenstoffe und am besten Stretchjerseys geeignet.

Es wird ein Streifen nach der Formel 4x fertige Breite zugeschnitten, wobei die Nahtzugaben beim Annähen der fertigen Breite der Einfassung entsprechen müssen. Ausgehend von 1 cm ergibt das eine Streifenhöhe von 4 cm. Werden mehrere Lagen oder dickere Stoffe eingefasst (ist die Stoffkante also voluminöser), empfiehlt es sich, weitere 0,5 cm hinzuzufügen.

Den Streifen mit der rechten Seite auf der linken Seite des Kleidungsstückes an der Kante bündig auflegen und unter Einhaltung der Nahtzugabe und der richtigen Dehnung mit einer ersten Naht annähen.

Nun den Streifen erst nach oben legen und anschließend eine Nahtzugabe breit links auf links einklappen. Den eingeklappten Streifen so nach unten falten, dass er auf der rechten Stoffseite des Kleidungsstücks aufliegt. Dabei reicht er knapp über die erste Naht hinaus.

Den Streifen gut feststecken und von rechts knappkantig absteppen. Dabei unbedingt darauf achten, dass der Streifen gleichmäßig knapp über der ersten Naht liegt. Diese Naht markiert nämlich das Niveau der Streifenkante auf der Stoffrückseite, die man auch durch den Stoff erfühlen kann. Die Faltkanten sollten möglichst genau übereinanderliegen.

Wird beim Absteppen ein Zickzackstich benutzt, steigert das die Wahrscheinlichkeit, sowohl die Kanten auf der Vorder- als auch auf der Rückseite zu treffen. Ob die Rückseite mit der Steppnaht ebenfalls erfasst wird, hat bei dieser Technik allerdings nur optische Vorteile. Durch die erste Naht ist der Streifen sicher fixiert.

Das Zusammennähen der Kanten

Häufig werden die Einzelteile des Kleidungsstücks erst nach dem Abschließen mit Jersey- oder Bündchenstreifen zusammengenäht. Diese Kanten sind oft relativ dick und neigen dazu, sich beim Zusammennähen gegeneinander zu verschieben.

Das vermeidet man, indem man die Kanten zunächst innerhalb der Nahtzugabe mit Geradstich aufeinander fixiert. Beim Zusammennähen am besten zu Beginn der Naht die Fäden vom Nahtanfang greifen und während der ersten Stiche behutsam nach hinten wegziehen. Das unterstützt den Transporteur von Nähmaschine oder Overlock.

Die Kante am Nahtanfang ist meist auch nach dem Zusammennähen noch prominent und sieht unsauber aus. Das lässt sich leicht ändern, indem man die Nahtzugabe zur Seite faltet (gewöhnlich in Richtung Rückseite des Kleidungsstückes) und von rechts mit Geradstich auf Breite der Einfassung bzw. des Streifens feststeppt.

Sonderfall: Ausschnitte

Sollen Arm- oder Halsausschnitte eingefasst oder mit gefaltetem Bündchen versehen werden, können diese an einer Schulter- oder Seitennaht offen gelassen, mit einem Abschluss versehen und danach fertig zusammengenäht werden.

Alternativ kann man das Kleidungsstück zunächst vollenden und erst danach die Bündchen-/Jerseystreifen mit einer Länge von Ausschnittweite x 0,7 bis 0,8 cm (je nach Dehnbarkeit) zuschneiden, zum Ring zusammennähen und ringförmig einnähen. Dabei ist es wichtig, auf eine gleichmäßige Dehnung zu achten. Ausschnitt und Streifenring zunächst mithilfe von Stecknadeln in 2 bis 4 Teile einteilen und danach passend in den Ausschnitt stecken, bevor man sie gleichmäßig zwischen den Nadeln gedehnt einnäht (siehe „Bündchen nähen", Seite 91).

Einfassen mit Falzgummi

Falzgummi ist ein breites Gummi mit vorgefertigter Falzkante in der Mitte. Es hat zumeist eine glänzende, glatte Seite und eine raue, matte. Einfassungen mit Falzgummi finden sich häufig an Unterwäsche, da sie besonders wenig auftragen. Aber auch für Ausschnitte eignet sich Falzgummi.

Das Falzgummi in einem Arbeitsgang falten, unter richtiger Dehnung um die Stoffkante herumlegen und feststeppen.

Die vorgegebene Falzkante ermöglicht dabei das gleichmäßige Falten und das gleichmäßige Steppen auf beiden Seiten. Ungeübte nehmen zum Annähen am besten einen Zickzackstich, Geübtere können Falzgummi auch gedehnt mit Geradstich annähen.

Einfassen mit der Covermaschine

Besitzer einer Covermaschine können zum Einfassen einen Bandeinfasser verwenden. Diese hilfreiche Apparatur faltet vorgeschnittene Jersey- oder Bündchenstreifen von vorgegebener Breite automatisch, sodass die Stoffkante nur hindurchgeführt werden muss, um eine perfekte Einfassung zu erhalten. Für Strickstoffe sollten diese Bandeinfasser am besten mit einem Rechen ausgestattet sein, der den Streifen zu führen hilft. Es gibt sie mit unten offener oder geschlossener Faltung. Einige wenige Hersteller bieten diese Einfasser auch für die Nähmaschine an.

Raffen

Beim Raffen eines Stoffes werden kleine Fältchen gelegt, die für eine romantische Optik und mehr Volumen sorgen, zum Beispiel bei Röcken oder Rockteilen von Kleidern. Diese Technik ist bei Webware sehr verbreitet, sie eignet sich aber genauso gut für Jerseystoffe. Hier werden zwei verschiedene Techniken vorgestellt.

Raffen mit Gummiband

Eine sehr einfache Methode, Jersey zu raffen, ist die Verwendung eines transparenten Gummibandes, auch Framilongummi genannt. Dafür das Gummiband auf die Länge zuschneiden, die das fertig geraffte Teil haben soll.

Anschließend das Gummiband mit einem schmalen Zickzack- oder Geradstich auf der rechten Stoffseite gedehnt aufnähen. Dabei können auch nur einzelne Abschnitte des Gummibandes gedehnt werden, z.B. für mittige Raffungen. Beim Zusammennähen der Teile verschwindet das Gummiband zwischen den Nahtzugaben und kann so nicht kratzen.

Das Gummiband zieht sich nach dem Annähen wieder zusammen und die Raffung hat direkt die gewünschte Breite. Außerdem ist sie elastisch – ein weiterer Vorteil für das Verarbeiten von Jerseystoffen.

Raffen mit Nähfaden

Um Stoff durch eine Naht zu raffen, den Geradstich in großer Stichlänge einstellen und die Oberfadenspannung auf nahe Null senken. Danach im zu raffenden Bereich innerhalb der Nahtzugabe eine gerade Naht nähen. Dabei unbedingt zu beiden Seiten ausreichend Nähfaden stehen lassen.

Den Stoff entlang des Unterfadens zusammenschieben, bis die gewünschte Breite erreicht ist. Dann die Fadenenden verknoten und das geraffte Teil weiterverarbeiten. Anschließend die Rafffäden entfernen.

TIPP: Ein noch gleichmäßigeres Ergebnis ergibt sich, wenn man noch eine zweite Naht ca. 2 cm unterhalb der ersten näht und beide gleichmäßig rafft. Die Fäden der zweiten Naht werden dann nach dem Zusammennähen entfernt.

Paspeln einnähen

Eine in der Naht mitgefasste Paspel ist eine sehr hübsche Art, farbliche Akzente zu setzen, und wertet jedes Kleidungsstück optisch auf.

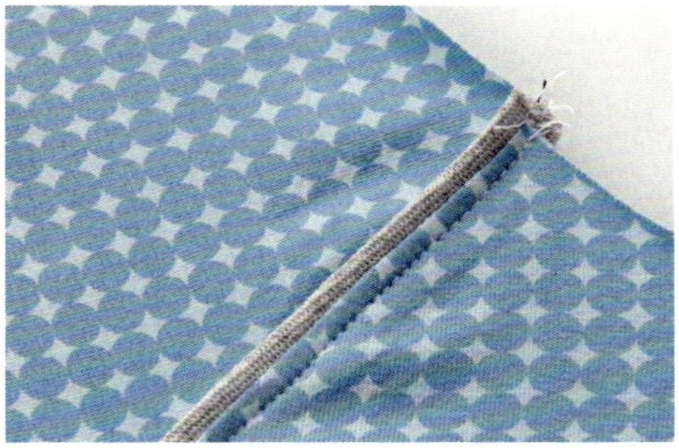

Auch bei Jersey kann herkömmliches Paspelband verwendet werden, sofern die Naht beim Anziehen oder Tragen nicht unter Spannung steht. Eine tolle Lösung für dehnbare Stoffe ist allerdings ein in der Naht mitgefasster, schmaler, gefalteter Streifen Jersey oder Bündchenstoff.

Zunächst muss entschieden werden, wie breit die fertige Paspel werden soll. Empfehlenswert sind etwa 5 mm. Dann wird ein Streifen aus dem gewünschten Stoff quer zum Maschenlauf zugeschnitten. Die Länge entspricht dabei der Länge der Naht, die mit der Paspel versehen werden soll. Die Höhe berechnet sich aus der Nahtzugabe + fertige Paspelbreite x 2. Bei einer Nahtzugabe von 1 cm und einer Paspelbreite von 5 mm macht das beispielsweise 3 cm.

Im Folgenden wird beispielhaft eine Raglannaht eines T-Shirts beschrieben.

Den Streifen links auf links auf halbe Höhe falten und bügeln. An der Nähmaschine einen Geradstich von eher langer Stichlänge einstellen und, falls möglich, den Nähfußdruck senken. Dann den Paspelstreifen mit der offenen Seite entlang der Kante anlegen und mit der Nähmaschine füßchenbreit, also etwa 8 mm vom Rand entfernt, annähen.

Dann Ärmel und Vorder- bzw. Rückenteil miteinander verbinden. Damit die Paspel dabei eine gleichbleibende Breite hat, liegen die Ärmel stets unten. So kann man die Naht sehen, mit der die Paspel fixiert wurde. Nun jede Raglannaht knapp innerhalb dieser Naht nähen. Das gelingt am besten mit der Nähmaschine. Wird eine Overlock verwendet, näht man die Teile zunächst mit Geradstich zusammen und fasst anschließend die Nahtzugabe mit der Overlock zusammen.

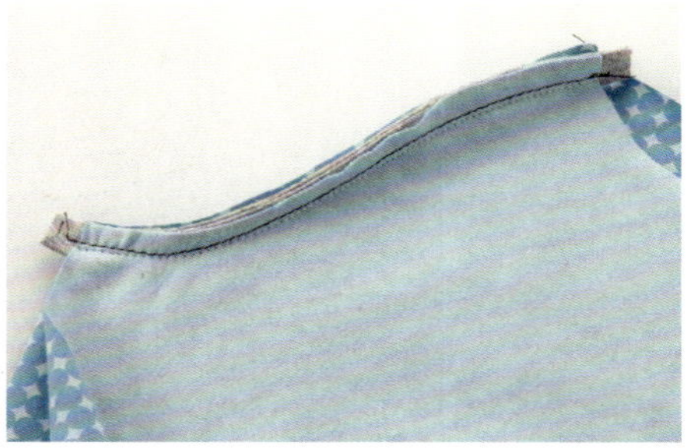

Die Nahtzugabe der Raglannähte in die Ärmel legen und die Nähte bügeln, bei Bedarf absteppen. Das T-Shirt wie gewohnt fertignähen.

Taschen

Taschen zum Sammeln kleiner Schätze werten jedes Kleidungsstück auf und machen es zum Lieblingsstück von Kindern. Dabei sind vor allem Bauchtaschen bei Pullis und aufgesetzte Taschen an Hosen relativ leicht zu nähen und ein praktischer Hingucker.

Bauchtasche

Die Bauchtasche für Pullis wird im Stoffbruch plus 1 cm Nahtzugabe zugeschnitten. An den Eingriffen erhält sie in der Regel als Versäuberung Bündchenstreifen, die man jeweils 5 cm breit zugeschnitten und danach links auf links auf 2,5 cm Breite gefaltet hat. Die Nahtzugaben werden in die Tasche gesteppt.

Besitzer einer Overlockmaschine können anschließend Ober-, Unter- und Seitenkanten der Tasche versäubern, das verleiht ihnen etwas mehr Stabilität und macht das Annähen leichter.

Die Nahtzugaben an Oberkante und Seitenkanten nun zur linken Stoffseite umbügeln. Anschließend die Tasche entsprechend des Stoffbruchs vom Zuschnitt mittig zusammenfalten und den Stoffbruch bügeln. So erhält man eine reversible Markierung der Mittellinie. Mit dem Vorderteil des Pullovers ebenso verfahren, auch hier ist nun die vordere Mitte durch die Falz im Stoff markiert.

Die Tasche entlang dieser gebügelten Linien und mit den Unterkanten bündig genau mittig auf dem Vorderteil feststecken. Anschließend die Oberkante und die Seitenkanten mit einer oder zwei Reihen Geradstich annähen, dabei Nahtanfang und -ende gut mit Rückstichen sichern.

Die Unterkante der Tasche mit großer Stichlänge an die Unterkante des Pullovers heften, um das Annähen des Bauchbündchens zu erleichtern. Den Pullover nun wie gewohnt fertignähen.

TIPP: Soll der Pullover gesäumt genäht werden, kann die Unterkante der Tasche nicht in der Bündchennaht verschwinden. Sie wird deshalb wie die anderen Kanten entlang der Nahtzugabe umgebügelt und auf Höhe der Bündchenlinie im Schnittmuster aufgelegt und festgesteppt.

Hosentaschen

Fronttasche: Die vorne aufgesetzten Fronttaschen werden in doppelter Stofflage (also gegengleich) zugeschnitten. Dabei fügt man ringsherum eine Nahtzugabe von 1 cm hinzu, einzig den Eingriff schneidet man ohne Zugabe zu. Hier näht man ein Bündchenstreifen an oder fasst die Kante ein, ohne die Streifen zu dehnen. Die Nahtzugabe wird in die Tasche gebügelt und eventuell abgesteppt.

Besitzer einer Overlock können jetzt die restlichen Kanten versäubern, dieser Schritt kann aber auch entfallen.

Die Nahtzugaben der Kanten zur linken Stoffseite bügeln und die Taschen an der passenden Seite auf die Vorderteile der Hose legen, bündig zur Ober- und Seitenkante der Hose. Nun die Taschen beispielsweise mit Geradstich aufnähen. Dabei oben beginnen, den Nahtanfang sichern, die Naht knappkantig bis zur Seitenkante fortführen und das Nahtende sichern. Damit die weitere Verarbeitung einfacher geht, Ober- und Seitenkante der Tasche innerhalb der Nahtzugabe auf der Hose festheften. Anschließend die Hose wie beschrieben zusammennähen.

Rückwärtige Tasche: Diese Taschen werden außer entlang der Oberkante plus 1 cm Nahtzugabe zugeschnitten. Die Oberkante erhält als Umschlag für den Taschenengriff eine Zugabe von 3 cm. Für mehr Stabilität können die Kanten mit der Overlock versäubert werden.

Zunächst die Zugabe am Tascheneingriff gemäß der Markierung rechts auf rechts umklappen. Den Umschlag seitlich unter Einhaltung der Nahtzugabe festnähen, dabei Nahtanfang und -ende mit Rückstichen sichern. Die Ecken zurückschneiden, den Umschlag links auf links wenden und bügeln.

Die Nahtzugaben der Tasche zur linken Stoffseite umbügeln. Die Taschen an der gewünschten Stelle auf der Hose platzieren, feststecken und knappkantig aufnähen. Dabei den Eingriff aussparen. Die Nahtenden sorgfältig sichern.

TIPP: Die Rückwärtigen Taschen machen auch seitlich an der Hose eine gute Figur.

Applikationen

Jersey eignet sich hervorragend zum Applizieren, da die Kanten nicht ausfransen. Die Applikationen können mit Geradstich oder dreifachem Geradstich aufgenäht und so auch kleine Details unkompliziert gearbeitet werden.

Zum Applizieren werden Jerseyreste und zusätzlich doppelseitig klebendes Bügelvlies, z.B. Vliesofix, benötigt. Diese Einlage hat ein Trägerpapier, auf das das Motiv der Applikation übertragen wird. Dieses Papier ist semi-transparent, weshalb Vorlagen einfach durchgepaust werden können.

Nach dem Übertragen das Motiv grob ausschneiden und das Klebevlies mit dem Trägerpapier nach oben auf die linke Stoffseite bügeln. Dabei den Maschenlauf beachten, gewöhnlich sollte er senkrecht verlaufen.

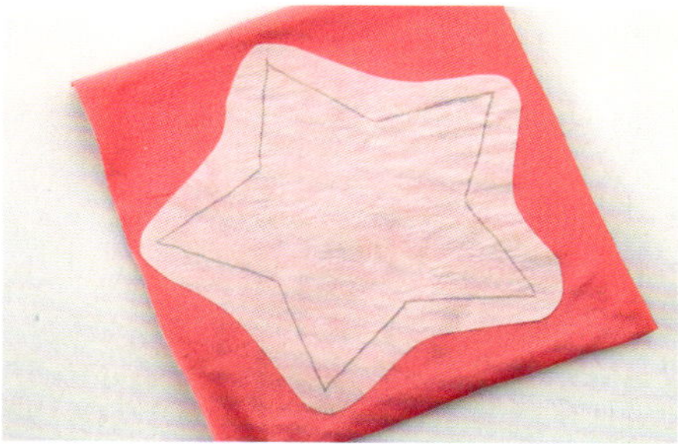

Das Motiv gemeinsam aus Stoff und Papier ausschneiden, danach die Trägerfolie entfernen. Jetzt kommt die Klebeschicht zum Vorschein.

Das Motiv mit der rechten Stoffseite nach oben an der gewünschten Stelle platzieren, der Kleber liegt unten. Das Motiv durch Bügeln vorläufig fixieren und anschließend festnähen. Komplexere Applikationen lassen sich dabei Schicht für Schicht von unten aufbauen.

Zum endgültigen Festnähen eignen sich ein einfacher oder dreifacher Geradstich oder ein Zickzackstich. Die Garnfarbe sollte man nach dem gewünschtem Effekt wählen: Farblich passendes Garn sieht am saubersten aus und verzeiht kleine Ungenauigkeiten. Kontrastfarbenes Garn sieht, vor allem wenn man mehrere Runden Geradstich näht, wie gezeichnet aus.

Da beim Applizieren die Gefahr sehr groß ist, dass der Jersey gequetscht wird und Wellen schlägt, sollte man zusätzlich eine Lage ausreißbares Stickvlies unterlegen. Das stabilisiert, und die Nähte lassen sich präziser nähen.

Wendeöffnungen schließen

Gedoppelte Kleidungsstücke werden rechts auf rechts zusammengenäht und anschließend durch eine kleine Öffnung in der Naht gewendet. Um diese sogenannte Wendeöffnung zu schließen, gibt es verschiedene Möglichkeiten. Manchmal kann man die Öffnung beim Absteppen mitfassen, oft aber ist es eine besonders elegante Lösung, das Loch in der Naht später unsichtbar mit Matratzenstich zu verschließen.

Matratzenstich

Der Matratzenstich schließt unsichtbar Öffnungen innerhalb einer Naht. Das ist sehr hilfreich beispielsweise bei Kleidungsstücken zum Wenden, die auf beiden Seiten sauber gearbeitet aussehen sollen, oder bei Wendeöffnungen in Seitennähten, wo Steppnähte nicht sinnvoll sind.

Zunächst die Nahtzugaben entlang der Öffnung gleichmäßig nach innen umschlagen und die Ränder der Öffnung mit einer Stecknadel oder etwas Stylefix (schmales, transparentes Stoffklebeband) fixieren. Einen Nähfaden in eine feine Handnähnadel (bei Maschenware am besten mit runder Spitze) fädeln und das Ende verknoten. An der Außenkante der Öffnung die Nadel von der Stoffinnenseite nach Außen führen, sodass der Knoten auf der Innenseite verschwindet. Die Nadel in die erste Kante der Öffnung einstechen, etwa 2 mm durch den Stoff führen und wieder an die Oberfläche ausstechen. Jetzt auf gleicher Höhe die Seite wechseln und das Ganze an der gegenüberliegenden Kante wiederholen. Abwechselnd hin und her arbeiten, dabei immer auf gleicher Höhe einstechen und den Faden behutsam festziehen, sodass sich die Kanten genau aneinanderlegen. So wird die Öffnung verschlossen. Am Ende der Wendeöffnung den Faden verknoten und vernähen.

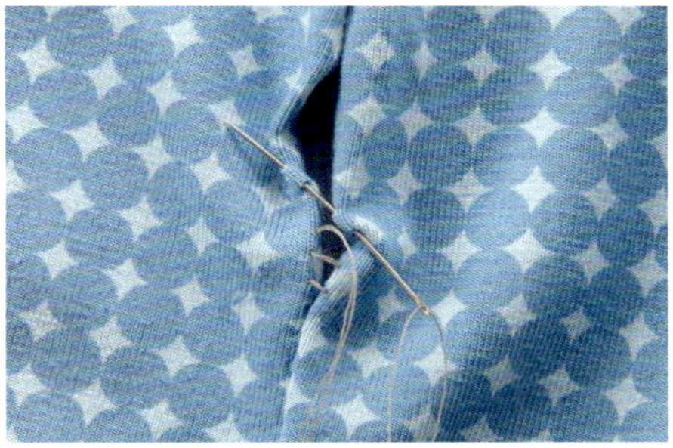

Absteppen

Befindet sich wie beispielsweise bei einem Halstuch die Wendeöffnung an einer Kante, die später flach liegt, lässt sich das fertige Kleidungsstück ringsherum mit Geradstich absteppen. Auch dann ist von der Öffnung nichts mehr zu sehen.

Alternativ kann man die Ränder einer Wendeöffnung sorgfältig mit Stecknadeln oder Stylefix bündig aneinanderlegen und nur im Bereich der Öffnung dezent absteppen. Dabei sollte man auf farblich passendes Garn achten und Nahtanfang und -ende durch Rückstiche sorgfältig sichern. Diese Technik eignet sich besonders, um Öffnungen im Futterstoff eines Kleidungsstücks zu verschließen, die ohnehin später innen liegen.

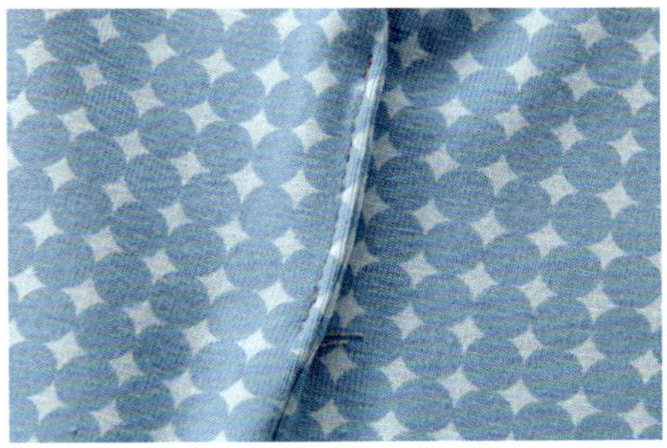

Schleifchen nähen

Mit kleinen Schleifchen werden alle Kleidungsstücke einfach und effektiv aufgewertet. Dafür lassen sich sehr gut die schmalen Streifen verwenden, die als **Jerseynudeln** häufig beim Zuschnitt anfallen. Diese Streifen werden parallel zum Maschenlauf geschnitten, wobei sich eine Breite von ca. 2 cm als günstig erwiesen hat. Sie rollen sich besonders gut ein, wenn man sie kräftig in die Länge zieht. Anschließend kann man sie gut mit den Fingern nacharbeiten.

Ebenso eignen sich Bänder aus „leer" genähten, **unten geschlossenen Einfassungen.** Dazu die Streifen nach der Grundanleitung (Seite 97) zweimal zur Mitte falten, bügeln und knappkantig absteppen.

Gut geeignet sind außerdem schmale Satin-, Samt- oder Webbänder, deren Enden vorsichtig mit einem Feuerzeug gegen Ausfransen gesichert werden.

Methode 1

Diese Methode eignet sich besonders für gefaltete Jerseybänder oder Satin-, Samt- und Webbänder: Das vorbereitete Band wie unten abgebildet zur Schleife legen und mittig mit einigen Geradstichen auf dem Zuschnitt oder am fertigen Kleidungsstück fixieren. Ggf. die Rückseite der entsprechenden Stelle mit etwas Bügelvlies verstärken und so gegen Ausreißen sichern.

Zum Schluss die Schleife mittig über der Naht beispielsweise mit einem dekorativen Knopf verzieren.

Methode 2

Eine ausreichend lange Jerseynudel vorbereiten und wie Schnürsenkel zu einer Schleife binden. Die Enden in Form zupfen und auf gleiche Länge zurückschneiden. Nun den Schleifenknoten mit farblich passendem Nähgarn mit einigen Stichen in sich fixieren und anschließend die Schleife mit der Knotenrückseite auf dem Kleidungsstück festnähen. Das Fadenende sorgsam verknoten und vernähen.

Druckknöpfe

Für viele Kleidungsstücke aus Jersey benötigt man Druckknöpfe, so beispielsweise für an der Schulter geknöpfte Shirts, Babyjacken, Anzüge, Bodys oder Halstücher. Dabei sollte man unbedingt **spezielle Jerseydruckknöpfe** verwenden. Sie haben im Ring angeordnete Zacken, die sich durch den Stoff in das Gegenstück drücken und dort umgebogen werden. So wird beim Öffnen und Schließen der Zug verteilt, die Knöpfe reißen nicht einfach aus. Trotzdem sollte der Bereich, in dem die Druckknöpfe angebracht werden, zusätzlich mit einer Bügeleinlage verstärkt werden. Werden die Drücker in einer Einfassung oder einem gedoppelten Bündchenstreifen befestigt, ist eine Verstärkung jedoch nicht nötig.

Die Druckknöpfe haben eine nach innen gewölbte, „weibliche" Seite und eine nach außen gewölbte „männliche". Beim Anbringen muss man stets darauf achten, dass diese Seiten am fertigen Teil ineinandergreifen können. Die gewöhnlich ringförmigen Gegenstücke müssen also stets an den gegenteiligen Stoffseiten angebracht werden. Die Position der Druckknöpfe sollte vor dem Anbringen mit Kreide oder einem speziellen Markierungsstift auf dem Stoff angezeichnet werden.

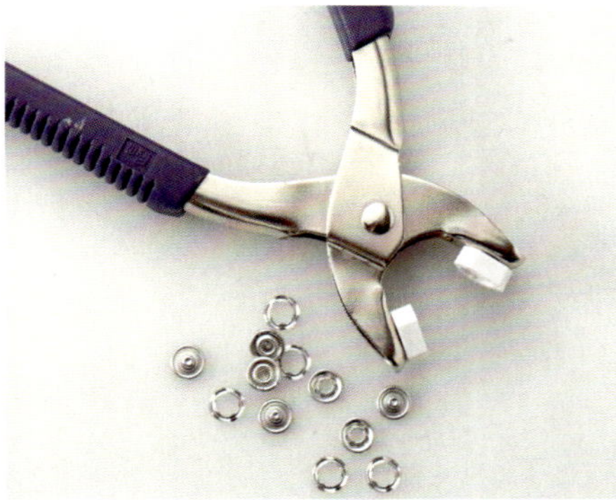

Die Druckknöpfe werden mit einer Zange und passenden Aufsätzen angebracht. Es ist sehr wichtig, die korrekten, zu den jeweiligen Knöpfen passenden Aufsätze bzw. die passende Zange zu verwenden.

Für optimale Ergebnisse zunächst den weiblichen oder männlichen Teil in der Zange befestigen. Dann den Zackenring von Hand an der gewünschten Stelle in den Stoff drücken und erst anschließend in die mit dem Gegenstück versehene Zange einpassen. Nun die Zange behutsam zudrücken. Dabei darauf achten, dass sicher alle Zacken greifen. Anschließend mit der zweiten Seite des Druckknopfs ebenso verfahren.

Sollte einmal ein Druckknopf falsch angebracht worden sein, kann er entfernt werden, indem man ihn mit einer stumpfen Zange behutsam senkrecht zusammendrückt. Der Zackenring löst sich dabei aus dem Gegenstück und kann vorsichtig aus dem Stoff gezogen werden.

KLEIDUNG NÄHEN – GRUNDMODELLE

Passform und Größenwahl

Die Größenangaben der Modelle in diesem Buch beziehen sich auf die Körpergröße des Kindes. Die sollen einem durchschnittlich kräftigen Kind bei Körpergröße plus/minus 3 cm passen. Beispiel: Für ein 102 cm großes Kind ist Größe 104 richtig.

Für ein überdurchschnittlich schmales Kind nimmt man eine Größe kleiner und verlängert die Säume auf die passende Größe. Für ein kräftiges Kind wiederum wählt man eine oder zwei Nummern größer und kürzt sie an den Säumen entsprechend.

Bitte jedoch keine Experimente mit den Nahtzugaben! Ohne Nahtzugabe zu nähen, wo eigentlich eine hinzuzufügen wäre, verfälscht die Proportionen (die Teile werden zu schmal und bleiben dabei zu lang) und ist daher in keinem Fall ratsam.

Klassische Shirts oder Pullover nähen

Bei klassischen Shirts oder Pullovern zunächst das Vorder- und das Rückenteil entlang der Schultern bündig rechts auf rechts aufeinanderlegen und die Schulternähte nähen.

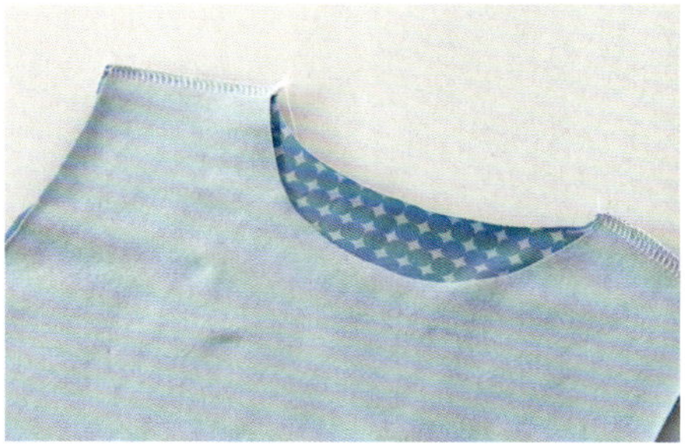

Anschließend die Ärmel rechts auf rechts in die Armöffnungen einsetzen und annähen.

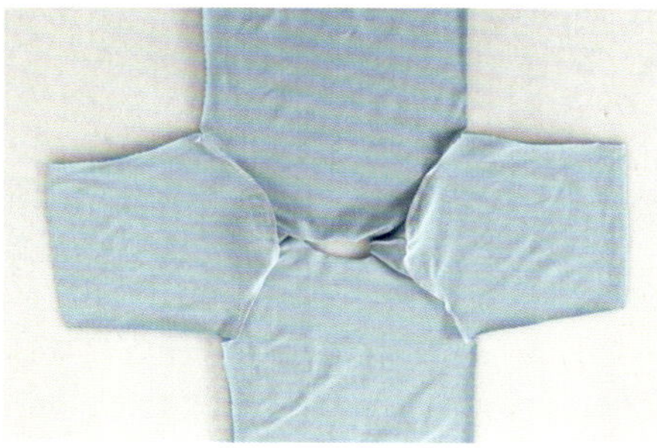

Dann das Vorder- und Rückenteil rechts auf rechts aufeinanderlegen, die Säume liegen bündig, die Ärmel sind zur Hälfte gefaltet. Nun die Seitennähte in einem Zug von der Ärmelunterkante bis zum Saum schließen.

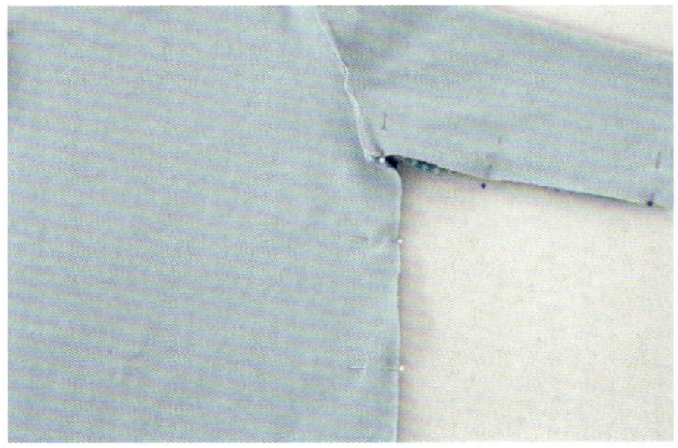

Ärmel und Saum werden entweder gesäumt oder mit Bündchen versehen, der Halsausschnitt bekommt ein Bündchen oder eine Kapuze.

Halsbündchen oder alternative Einfassungen können auch vor dem Schließen der zweiten Schulternaht angenäht werden.

Bei kleinen Größen empfiehlt es sich, die Ärmel vor dem Schließen der Ärmel- und Seitennähte zu säumen, da andernfalls in einer sehr kleinen Rundung genäht werden muss. Die Nahtzugaben dann beim Schließen der Ärmelnähte zur Seite steppen.

Bauchtaschen (siehe Seite 102) oder Applikationen (siehe Seite 104)vor dem Zusammennähen auf den Einzelteilen platzieren und aufnähen.

Raglanshirts oder Raglanpullover nähen

Bei Raglanmodellen die Ärmel entlang der Raglannähte jeweils auf beiden Seiten an Vorder- und Rückenteil rechts auf rechts annähen.

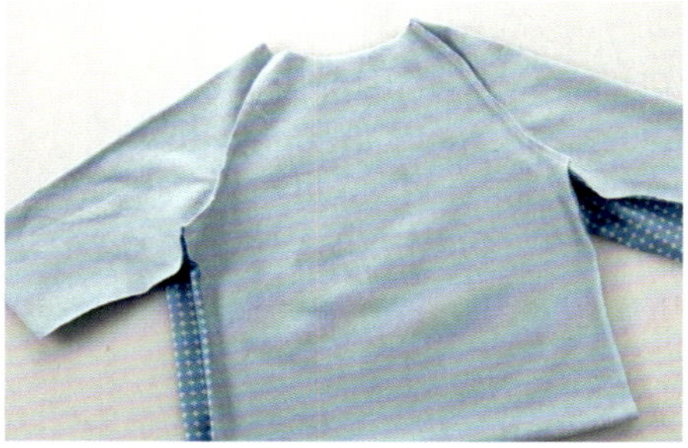

Danach das Vorder- und Rückenteil an den Seitenkanten bündig rechts auf rechts legen, die Ärmel der Länge nach falten, feststecken und die Ärmel- und Seitennähte jeweils in einem Zug schließen.

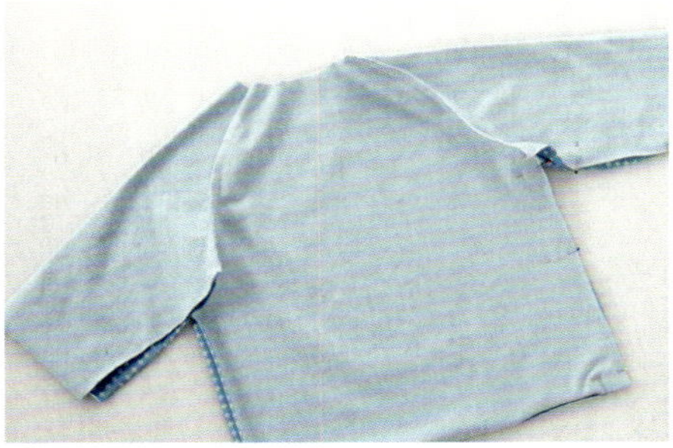

Säume, Ausschnitte und Verzierungen wie in der Anleitung zum klassischen Modell (siehe Seite 108) arbeiten.

Hosen nähen

Hosen aus Jersey oder anderer Maschenware können aus jeweils einem Schnittteil pro Hosenbein (z.B. Babyhose oder Leggings) oder zwei Teilen pro Bein, nämlich Vorder- und Rückseite (z.B. Kinderhose), genäht werden. Das rückwärtige Hosenteil ist dabei gewöhnlich breiter und höher geschnitten.

Besteht eine Hose aus zwei Teilen pro Bein, zunächst die Außenbeinnaht rechts auf rechts nähen. Bei Hosen aus einem Teil entfällt dieser Schritt.

Dann die Innenbeinnaht rechts auf rechts schließen.

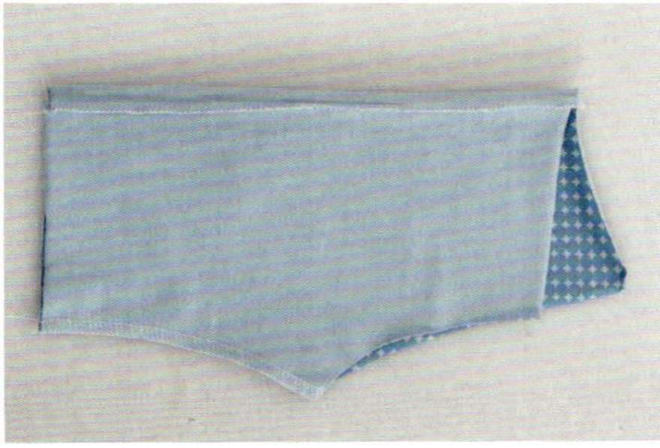

Ein Hosenbein auf rechts wenden (die rechte Stoffseite liegt außen) und rechts auf rechts in das zweite Hosenbein stecken, Vorderseite und Rückseite der Hosenbeine liegen dabei jeweils passend aufeinander. Jetzt die Schrittnaht in einem Zug schließen.

Im Anschluss beide Hosenbeine wieder auf links (die linke Stoffseite liegt außen) wenden und Bündchen, Gummizüge oder Säume an den Hosenbund und die Beinsäumen nähen.

Soll die Hose mit aufgesetzten Taschen versehen werden (siehe „Taschen“, Seite 102), diese nach dem Zuschneiden und vor dem Zusammensetzen der Hose aufnähen.

Mützen nähen

Beim Nähen von Mützen bietet es sich an, eine Naht zu wählen, die wenig aufträgt und am Kopf nicht drückt. Sehr gut geeignet sind der Elastikstich der Nähmaschine oder der dreifache Geradstich. Bei beiden lässt sich die Nahtzugabe auf etwa 3 mm zurückschneiden, die Nähte werden so auch bei gedoppelten Mützen sehr flach.

Kommt die Overlockmaschine zum Einsatz, ist eine schmale dreifädige Naht eine gute Alternative zur klassischen 4-Faden-Naht. Bei einer Stichbreite unter 7 mm muss die Nahtzugabe beim Nähen mit dem Messer der Overlock entsprechend abgeschnitten werden.

Die Nahtenden der Mützennähte sollten stets mit Rückstichen (Nähmaschine) oder durch Verknoten/Einziehen in die Nahtzugabe gesichert werden.

Klassische Mützenform

Klassische Mützen mit ausgeformter Oberkopfpartie bestehen aus Schnittteilen mit vier Gipfeln. Die Nähte zwischen dem ersten und zweiten und dem dritten und vierten Gipfel bilden die seitlichen Abnäher, der zweite und der dritte Gipfel werden in einem Zug mit der Rückseite der Mütze als Scheitelnaht zusammengenäht.

Das im Stoffbruch zugeschnittene Mützenteil auffalten und mit der rechten Stoffseite nach oben ausbreiten. Die rechte und linke Seite rechts auf rechts so zur Mitte falten, dass Gipfel 1 und 2 und Gipfel 3 und 4 bündig aufeinanderliegen. Nun an der Spitze beginnen, die seitlichen Abnäher zu nähen.

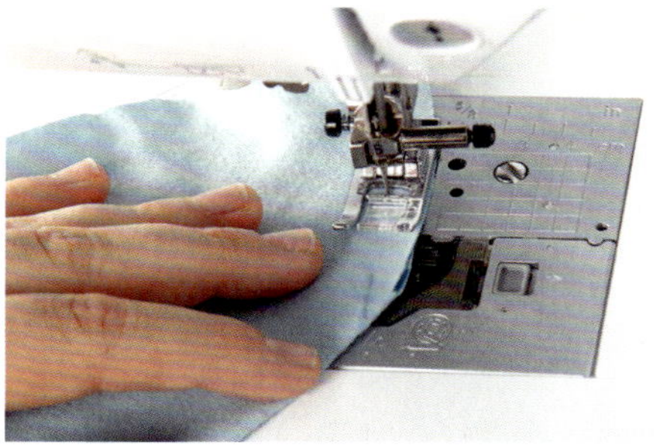

Dann die Rundung nähen, dabei die Nahtzugabe von 7 mm einhalten, und die Naht in einem spitzen Winkel in den Stoffbruch auslaufen lassen. Je sanfter die Naht Richtung Bruch ausläuft, desto weniger bilden sich an der fertigen Mütze unschöne Ecken.

Die Mütze entsprechend dem Zuschnitt zu Beginn erneut zur Mitte falten. Nun die Scheitelnaht von der hinteren, unteren Kante aus zur vorderen Mitte nähen und abermals die 7 mm Nahtzugabe einhalten. Dabei sollten die seitlichen Abnäher an der Mützenspitze möglichst exakt aufeinandertreffen. Ihre Nahtzugaben werden in unterschiedliche Richtungen gelegt. Auch hier geht die Naht in der vorderen Mitte wieder möglichst sanft in den Stoffbruch über. Bei der gedoppelten Beanie/ Krempelmütze (siehe Seite 51) beginnt und endet die Naht in der vorderen Mitte.

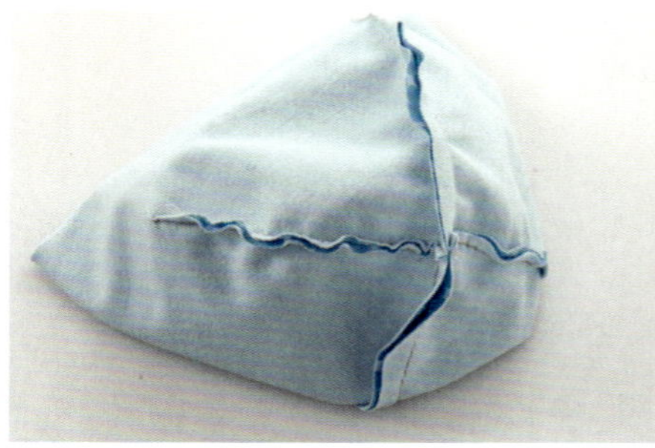

LEXIKON

Doppelte Stofflage: Wird der Stoff beim Zuschneiden rechts auf rechts doppelt gelegt, also in doppelter Stofflage zugeschnitten, erhält man direkt gespiegelte Schnittteile, also z.B. rechten und linken Ärmel oder Hosenbein.

Fadenlauf/Maschenlauf: Die Richtung, in der der Stoff gestrickt (Maschenlauf) oder gewebt (Fadenlauf) wurde. Er verläuft immer parallel zur Seitenkante und ist bei Maschenware beim Zuschnitt von großer Bedeutung für die Dehnbarkeit. Die Dehnbarkeit ist nämlich gewöhnlich quer zum Maschenlauf am größten.

Framilongummi: Ein transparentes, dünnes Gummiband, das gedehnt angenäht für die Raffung von dehnbaren Stoffen verwendet wird und ungedehnt in der Naht mitgefasst ein Ausleihern verhindert (zum Beispiel an Schulternähten).

Füßchenbreit: Füßchenbreit nähen bedeutet, dass die Naht der halben Breite des Nähfußes entspricht. Die Nadel befindet sich dabei in mittiger Position und der Nähfuß wird direkt entang der Kante geführt. Das sorgt für eine Naht im gleichmäßigen Abstand vom Rand bei etwa 7 bis 8 mm, jeweils nach Maschinenmodell.

Links auf links: Eine Art, den Stoff zusammenzulegen, wobei die linken Seiten oder Unterseiten/unbedruckten Seiten des Stoffes aufeinandertreffen.

Nähfußdruck: Der Druck, den der Nähfuß nach unten auf den Stoff ausübt. Bei den meisten Nähmaschinen einstellbar. Dehnbare Stoffe sollten mit reduziertem Nähfußdruck genäht werden, da das Wellenbildung verhindert. Bei schweren Stoffen verbessert ein gesteigerter Nähfußdruck den Stofftransport.

Nahtzugabe: Der angeschnittene Überstand abseits der Nahtlinie, die den Schnittteilen hinzugefügt wird, um ein Aneinandernähen zu ermöglichen. Es sollte immer nur so viel Nahtzugabe hinzugefügt werden, wie später der Nahtbreite entspricht. Für gewöhnlich beträgt die Nahtzugabe etwa 1 cm, beim Einsatz der Overlockmaschine etwa 7 mm.

Rechts auf rechts: Eine Art, den Stoff zusammenzulegen, wobei die rechten Seiten oder Oberseiten/bedruckten Seiten des Stoffes aufeinandertreffen.

Saumzugabe: Die Zugabe am Stoff, die zusätzlich benötigt wird, um einen Saum zu nähen. Dabei empfehlen sich 2-3 cm, die nach innen umgeschlagen und danach sorgfältig festgesteppt werden.

Stoffbruch: Der Stoffbruch bezeichnet die Falz, entlang der der Stoff im Maschenlauf beim Zuschneiden doppelt gelegt wird. Symmetrische Schnittteile werden entlang des Stoffbruchs angelegt und so im Ganzen zugeschnitten.

Stylefix: Das schmale, doppelseitige Stoffklebeband eignet sich bestens, um Reißverschlüsse zu befestigen oder Wendeöffnungen zu adaptieren, da es problemlos übernäht werden kann.

Pauline Dohmen lebt mit ihren fünf Kindern, Mann und Hund in Göttingen. Schon von Kindheitstagen an handarbeits- und nähverrückt, geriet sie nach einem ausgedehnten Ausflug in die Medizin während ihrer zweiten Elternzeit in die kunsthandwerkliche Selbstständigkeit und lebt seit 2011 unter dem Label Klimperklein ihren Traum, mit eigenen Schnittideen samt ausführlichen Anleitungen auch andere zu begeistern. Funktionalität, gute Passform und schlichte Schnittführung mit viel Platz für eigene Kreativität stehen dabei im Vordergrund.
Über den Weg zur perfekten Ausstattung für ihre Kinderschar bloggt sie unter www.klimperklein.de.

Ein herzliches Dankeschön an meine wunderbare Familie, die mich unterstützt und ausgehalten hat, und an alle für mich Zuständigen des Frechverlages, die so viel Geduld bewiesen haben, als mir Zwillingsbabys dazwischenkamen.

Pauline Dohmen im Video: topp-kreativ.de/jersey

Hilfestellung zu allen Fragen, die Anleitungen, Materialien und Kreativbücher betreffen: Frau Erika Noll berät Sie. Rufen Sie an: 05052/911858*
***normale Telefongebühren**

Wir danken der Firma Lillestoff für das freundliche Bereitstellen der Stoffe.

FOTOS: frechverlag GmbH, Turbinenstraße 7, 70499 Stuttgart; lichtpunkt GmbH, Michael Ruder

PRODUKTMANAGEMENT: Miriam Heil und Nina Armbruster

LEKTORAT: no:vum, Susanne Noll, Hennef

LAYOUT: Petra Theilfarth

DRUCK UND BINDUNG: Neografia, Slowakei

19. Auflage 2018

ISBN 978-3-7724-6402-7 • Best.-Nr. 6402

NOCH AUF DER SUCHE NACH NEUEN INSPIRATIONEN?

TOPP 6399
ISBN 978-3-7724-6399-0

TOPP 6467
ISBN 978-3-7724-6467-6

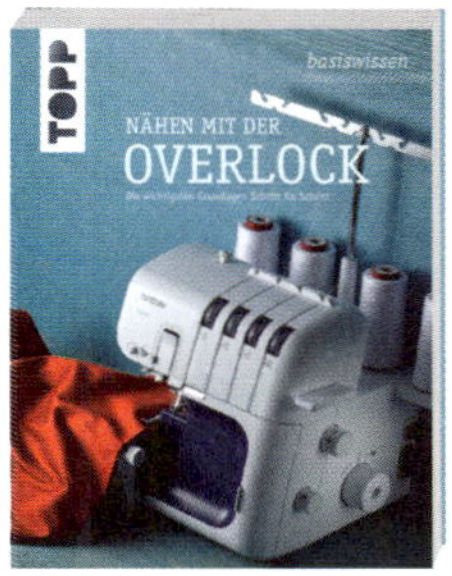

TOPP 6357
ISBN 978-3-7724-6357-0

TOPP 6404
ISBN 978-3-7724-6404-1

TOPP 7536
ISBN 978-3-7724-7536-8

TOPP 6405
ISBN 978-3-7724-6405-8

TOPP 6407
ISBN 978-3-7724-6407-2

TOPP 7563
ISBN 978-3-7724-7563-4

Kreativ-Bücher finden Sie auf www.TOPP-kreativ.de

Kennen Sie schon mein neues Buch?

TOPP 6472
ISBN 978-3-7724-6472-0

JETZT MIT VIDEOS

Dort finden Sie schöne Jersey-modelle für die Allerkleinsten!

- Band 2 aus der Klimperklein-Nähwerkstatt
- Bunt und fröhlich: Babykleidung bis Größe 98, Stofftiere, Wickelunterlage und vieles mehr
- Zwillings-Alarm: Meine beiden Minis hautnah im Buch!